Para Josué pido a Dios
que guíe tus pasos
todos los días de
tu vida

María E. Martín

12/10/07

Vida eterna no es solo una existencia que experimentarás después de la muerte. Vida eterna es un estilo de vida que puedes empezar a disfrutarlo hoy. Todos nosotros existimos eternamente, pero no todos viven una vida eterna, porque esto toma lugar en el mundo invisible.

Para poder entrar en lo eterno o en el mundo invisible, el ser humano debe ser investido con una fuerza eterna; esta fuerza eterna lo fortalecerá para encarar el mundo invisible.

—*Maria Eugenia Martin*

"*Pero recibiréis poder, cuando haya venido sobre vosotros el Espíritu Santo, y me seréis testigos en Jerusalén, en toda Judea, en Samaria, y hasta lo último de la tierra.*" (*Hechos 1:8*)

VIDA ETERNA

¡UN ESTILO DE VIDA QUE PUEDES EMPEZAR A
VIVIRLO HOY!

Maria Eugenia Martin

Trafford
PUBLISHING

*En Trafford Publishing creemos en la responsabilidad que todos, tanto individuos
como empresas, tenemos al tomar decisiones cabales cuando estas tienen impactos
sociales y ecológicos. Usted, en su posición de lector y autor, apoya estas iniciativas de
responsabilidad social y ecológica cada vez que compra un libro impreso por Trafford
Publishing o cada vez que publica mediante nuestros servicios de publicación. Para
conocer más acerca de cómo usted contribuye a estas iniciativas, por favor visite:
http://wwwtrafford.com/publicacionresponsable.html*

*Nuestra misión es ofrecer eficientemente el mejor y más exhaustivo servicio de
publicación de libros en el mundo, facilitando el éxito de cada autor. Para
conocer más acerca de cómo publicar su libro a su manera y hacerlo disponible
alrededor del mundo, visítenos en la dirección www.trafford.com/4501*

www.trafford.com/4501

Para Norteamérica y el mundo entero
llamadas sin cargo: 1 888 232 4444 (USA & Canadá)
teléfono: 250 383 6864 ♦ fax: 250 383 6804
correo electrónico: info@trafford.com

Para el Reino Unido & Europa
teléfono: +44 (0)1865 722 113 ♦ tarifa local: 0845 230 9601
facsímile: +44 (0)1865 722 868 ♦ correo electronico: info.uk@trafford.com

10 9 8 7

DEDICACIÓN

Dedico éste libro a mi esposo Philip Clyde Martin, y a mis hijos, Nohelia Silvana, Philip Andrew y Carolena Eugenia Martin. Es mi oración que ustedes atesoren en sus corazones y teman al Dios que inspira nuestras vidas.

ÍNDICE

RECONOCIMIENTO

Mi más cálido agradecimiento a todos quienes han contribuido con la escritura de este proyecto: Mi esposo Philip, quien ha provisto su apoyo y amor animándome continuamente desde el principio de éste sueño.

Mis amados hijos: Nohelia, Philip y Carolena Martin, aprecio las tantas veces que pacientemente escucharon, o tal vez leyeron porciones de un capítulo, para ayudarme con el fluido correcto de frases. Mis hijos son protagonistas de muchas de las experiencias relatadas.

Gail Foley, quién aceptó diligentemente cuando le pedí su ayuda. Gail ha editado mi traducción al idioma inglés, de tal manera que ahora puede ser leída y apreciada en ese idioma; Gail, gracias por tu dedicación.

Sarah Calhoun y Sheila Thorpe hicieron el leído de prueba de la copia en inglés. Mi sincero agradecimiento al Lic. Juan Valle. Juan hizo el leído de prueba de éste manuscrito.

Y a todas mis amistades que elevaron una oración y me animaron con sus buenos deseos, Dios los bendiga ricamente y prospere sus vidas.

—*Maria Eugenia Martin*

PRÓLOGO

Es una antigua historia pero por siempre nueva---como Jesús redime las vidas, y las convierte en algo valioso por amor a su nombre y gloria. Cada historia de billones de gentes es nueva y refrescante, conforme a las diferentes circunstancias de cada vida, pero la preciosa sangre de Jesús puede y siempre hace la dinámica diferencia en las vidas.

Realmente he disfrutado el leer la historia de Maria Eugenia---es sobretodo la antigua historia de cómo Jesús, Aquel Maravilloso no se desentiende de ninguno de nosotros. No importa cuan complejo y enredadas nuestras vidas estén. El amor divino de Jesús siempre nos perseguirá a través de todos los circuitos de extravíos en ignorancia y el eventualmente nos trae a Su Perfecta LUZ!

Lee y disfruta su (tan humana) jornada hacia la perfecta Paz.

—*Nona Freeman*

En los últimos tres años que he conocido a Maria Eugenia, puedo testificar el hecho de que ella ama a Dios y tiene el deseo de impactar al mundo por Él. Cuando por primera vez ella compartió su sueño de escribir y publicar este libro, pude ver su entusiasmo. Más tarde cuando me preguntó si la podría ayudar con la edición, estuve de acuerdo sin saber que esperar. Ahora meses más tarde siento que conozco mejor a Maria Eugenia, al leer sobre su vida y lo que ha aprendido en Cristo a través de los años. Entiendo mejor su devoción a Cristo, porque se lo que Él ha hecho por ella y como ella ha respondido a Su llamado.

En éste libro no solo leerás la historia de conversión de una mujer, también espero que entiendas que el cristianismo no es un solo destino, sino que es un proceso de crecimiento. Se que es el deseo de Maria Eugenia ayudar a que otros obtengan mejores alturas a través de este libro. Que Dios te bendiga al tiempo que te juntas con Maria Eugenia en su jornada.

—*Gail Foley*

A través de una serie de enredos y vueltas en mi propia vida se me presentó la oportunidad de bendecir y ser bendecida al mismo tiempo. No que antes no haya experimentado aquello, pero siempre me maravillo de los caminos y de los planes de Dios y como Él nos conecta con gente y ministerios que nosotros solos nunca los hubiéramos encontrado. Recientemente he encontrado una amiga, Maria Eugenia Martin, alguien que verdaderamente se deleita en el Señor.

A su pedido, tome la tarea de probar la lectura de un manuscrito que ella había escrito. Mientras tuve el honor de estar envuelta en la preparación para la publicación de este libro, personalmente disfruté leyéndolo. La hermana Martin nos ha dado un testimonio de las bondades de Dios que incluye relatos de milagros que ha experimentado en su vida y en vidas de aquellos allegados a ella. En forma escrita, comparte profundas verdades sobre los lugares celestiales y de lo que ocurre en el mundo espiritual a un paso del conocimiento de la naturaleza terrenal.

Creo que los lectores de este libro pueden recibir un punto de vista fresco y un empuje de fe de las verdades que se encuentran en este libro amparadas por Escrituras Bíblicas. Quien sabe los lectores serán inspirados a buscar más profundidades en su caminar espiritual dejando que Dios obre a su alrededor. "Porque todo el que pide, recibe; y el que busca encuentra; y al que llama a la puerta se le abrirá." (Mat.7:8)

—*Sarah Calhoun*

INTRODUCCIÓN

En el año 1995, empecé a escribir un manuscrito, pero después de terminar con la sexta página, me dí cuenta que no podía avanzar. Puse las hojas de lado, y pensé que la idea de escribir un libro terminó. En el verano de ese mismo año, mientras visitábamos a mis suegros tuve un sueño. En el sueño un hombre estaba atendiendo a clientes desde un mostrador, me miró y dijo: "Tú estas escribiendo un libro." Continuó atendiendo a clientes, y nuevamente fijó su mirada en mi y dijo: "Y piensas que no es importante." Otra vez siguió atendiendo a clientes. Fijando su mirada en mi por tercera vez dijo: "Pero es importante para mucha gente." Desperté del sueño, eran las 3:00 a.m. la presencia de Dios estaba en ese lugar. Me levante, y salí afuera y alabé al Señor bajo la pálida luz de la luna.

Unos días más tarde cuando regresamos a casa, empecé a trabajar con aquellas seis hojas. En el año 1997, pensé haber terminado el borrador de español y solo faltaban treinta hojas para completar la traducción inglés cuando mi computadora colapsó. Volví a introducir todo el borrador de español en una computadora nueva, y en el año 2000 envíe el manuscrito a varias publicadoras, pero sin éxito. Me desanimé; sin embargo, continué trabajando en la traducción inglés, así como el tiempo lo permitía.

En octubre del año 2004, después de leer un libro sobre el poder sanador de Dios. Decidí consagrar mi salud a Dios creyendo que el Señor es nuestro sanador. Dejé de tomar pastillas, siete botes de medicamentos eché al basurero. En enero del 2005, durante unos exámenes médicos de rutina, los resultados mostraban células anormales, y fui llamada para más exámenes, también me dijeron las opciones de tratamiento incluyendo cirugía. Al colgar el teléfono sentí que mi mundo se derrumbaba.

Me dije: "algo anda mal en mi relación con Dios, y yo no lo se." Llamé a una amiga, y le conté con lagrimas la mala noticia que había recibido. Pero como música de fondo en medio de mi aflicción tenía este pensamiento. "Debo terminar el libro." Empecé a trabajar en el libro con un nuevo sentido de urgencia. Con la esperanza que este libro será una verdadera bendición en la vida de los que lo lean.

Es mi deseo que todos cosechen su porción de bendición de éste libro. He decidido escribir todas las citaciones bíblicas con muy pocas excepciones, para que no te distraigas buscando escrituras en la Biblia mientras lees. Al mismo tiempo, quiero animarte, para que reconozcas que no hay nada imposible para Dios. No le pongas límites, simplemente créele, porque todo es posible para el que cree. (Mar.9:23)

¡Ah! cuando fui a ver a la doctora me preguntó como estaba, le respondí: "Bien, estoy confiando en Jesús como mi sanador." El día de la biopsia, en el cuarto de preparación, guié a una señora a rendir su vida a Dios. Los resultados de la biopsia salieron negativos, gracias a Dios. La doctora recalcó que estaba asombrada de los resultados; yo le dije que estaba agradecida con Dios. ¡El Señor tiene Sus formas para llamarnos la atención!

CAPÍTULO I

EN BASE A EXPERIENCIAS

Recuerdo claramente la primera experiencia espiritual que tuve. Fue allí mismo, en el momento después de haber sido bautizada en el Espíritu Santo de Dios. Por cierto, éste gran evento de mi vida, se desarrolló en un estadio, en La Paz-Bolivia, donde nos congregamos alrededor de tres mil quinientas personas, para escuchar a uno de los más prestigiosos evangelistas de Latinoamérica. Tuve una visión, fue tan clara y mientras veía la visión abrí mis ojos y me pregunté: "¿Que es esto delante de mis ojos?" Pero lo increíble fue que cuando cerré mis ojos, otra vez allí estaba la visión como una película. Después de unos instantes, abrí mis ojos, ésta vez para decirle a Rubén, mi hermano: "¡Estas sano!"

Aquella noche de otoño de 1987, entregué mi vida a Dios. Recuerdo que temprano aquella mañana de mayo, me levanté, y tuve una sincera conversación con Dios. Le dije: "Señor, quiero entregarte mi vida, más no se si podré dejar las cosas a las que estoy acostumbrada y me gustan." (Ya que en otras oportunidades había tratado de dejarlas, pero sin éxito). Entonces, fue como si alguien me hubiese preguntado: "¿Qué cosas son las que temes dejar?" Proseguí a enumerarlas, y le dije: "Ir a las discotecas, sobre todo seguir frecuentando al padre de mi hija." Traté de pensar en algo más, pero no había nada más, pues desde diciembre de 1986, había dejado de fumar, después de hacer a Dios la más tonta de las propuestas. Le dije: "Señor, éste es el último cigarrillo que fumo, más haz que regrese el padre de mi hija." Claro que después de que él retornara, yo empezaría nuevamente a fumar. Aunque él nunca volvió para quedarse definitivamente, yo tampoco volví a fumar; pues cinco meses más tarde entregué mi vida a Dios.

Luego de haber enumerado las cosas que temía dejar, me dí cuenta que el bailar, en realidad no era tan importante para mí. Sin darme cuenta, hacía casi dos años que no había ido a bailar a las discotecas, y en realidad, no lo había extrañado.

Entonces la decisión estaba hecha. El dolor que vivía en esos momentos, la soledad y el desengaño, habían apocado mi vida por completo. Cansada de sufrir, buscando amor en los lugares equivocados, reposo donde sólo había trabajo y angustia. Estaba completamente perdida, sin brújula que me guíe a ningún lugar.

La gran cita era esa fresca tarde de mayo de 1987, en que tres miembros de mi familia: Mi madre, Rubén, el mayor de mis hermanos y yo, nos encaminábamos apresuradamente para el gran encuentro de nuestras vidas. Una vez en el estadio, la expectativa era aún más grande en mi corazón. Ver a los cristianos diligentes, ayudando en todas las actividades que conllevan el éxito de una campaña de evangelización, me hacía compararlos con aquellos que preparan actividades seculares. Si, ésta era una fiesta que estaba a punto de comenzar. La música empezó a sonar, y voces fervientes comenzaron a exaltar el Santo Nombre de Jesús.

Mi mamá y yo habíamos dejado a Rubén al lado izquierdo del escenario, ésta era una plataforma que había sido construida para la ocasión. Rubén quedó junto con otros impedidos, que como nosotros, habían ido en busca de sanidad, unos buscando sanidad física, y otros buscando sanidad espiritual. De una cosa estoy segura, estábamos por primera vez en el lugar correcto.

Desde la plataforma, el grupo musical dejaba escapar las primeras notas de alabanza. Esta era una fiesta que jamás olvidaría, dejaría grabada en mi alma, LA MÁS GRANDE CELEBRACIÓN DEL AMOR.

Ya acomodadas con mi mamá en la gradería de aquel campo deportivo, escuchábamos las canciones y tratábamos de seguir con nuestras voces las alabanzas de adoración, muchas de ellas eran completamente desconocidas para nosotras.

Cuando anunciaron al predicador, él con paso apresurado, acercándose al pedestal del micrófono, lo tomó, y con voz llena de emoción y gozo dijo: "¡Gloria a Dios!" Nunca había visto antes a nadie, emocionarse por Dios, al punto de saltar como un cabrito. Él mostraba ser un hombre de cincuenta años de edad más o menos; de porte atlético; alrededor de unos cinco y medio pies de estatura; en su cabeza predominaban las canas; sus cejas estaban también mezcladas con las señas del paso de los años; delgado y enérgico al hablar de Dios. Jamás olvidaré, como él anunciaba una y otra vez que pronto tendríamos la oportunidad de recibir a Jesucristo como nuestro Señor y Salvador. Cuando el decía aquello, ansiosamente mi alma se preguntaba: "¿Cuándo Señor, cuándo?, porque no puedo esperar más."

Finalmente, el predicador hizo el llamado a todos aquellos que deseaban entregarse a Dios, y hacerlo Señor y Rey de sus vidas. Sin duda alguna, era exactamente lo que yo necesitaba. Cuando el mencionó aquello, yo corrí desde el lugar donde estaba sentada con mi mamá, atrancando las gradas, me dirigí a una de las salidas que me conducirían al campo deportivo donde la plataforma había sido construida. Mi corazón palpitaba acelerado en espera de que abriesen las rejas, para que aquellos como yo, entraran para acercarse a la plataforma. Desde allí el predicador incentivaba a la audiencia a tomar la decisión de rendir sus vidas a Dios.

Yo estaba como un ser sediento en el desierto que a pocos pasos ve agua fresca sin poder alcanzarla. Después de unos pocos e interminables momentos abrieron la reja. Yo entré con paso apresurado casi corriendo; fui la primera en acercarme a la plataforma. Después de mi, vinieron alrededor de cuatrocientas personas. Levanté mis brazos porque el predicador, dijo: "Cuando una persona se rinde a otra, levanta los brazos en señal de que ya no puede más, y deja su ser, en manos de aquel que está en control." Sí, era lo que yo necesitaba, alguien quién tomara control de mi vida. Yo había fallado en todo, era una perdedora. Entonces el predicador nos guió en una oración llamada: "Oración de fe", que repetí de todo corazón. Mis lágrimas empezaron a correr abundantes por mis mejillas. Confesé a Dios que era una pecadora, y que estaba arrepentida. Le pedí que me perdone, y me limpie. Confesé a Jesús, como al Señor y Rey de mi vida. Le dije que creía que Jesús es el Cristo, el Hijo de Dios, que vino en carne a la tierra. Le agradecí que hubiera muerto por mí, sin merecerlo.

Estoy segura que sin una ayuda, no hubiese podido hablar así a mi Dios, pues créeme, yo no sabía estas cosas sobre mi Creador. Es decir que fue propicia la ayuda que recibí del siervo de Dios. Dice la palabra del Señor:

"*A*sí que la fe, viene por el oír, y el oír, por la palabra de Dios" (Rom.10:17).

Durante la predicación, fe había sido impartida en mi alma, un sincero deseo había en mi corazón de pertenecerle a Dios. La decisión más grande de mi vida, había tomado lugar en aquel día 21 de mayo de 1987, por esto dice la escritura:

" *P*ero sin fe es imposible agradar a Dios; porque es necesario que el que se acerca a Dios crea que le hay, y que es galardonador de los que le buscan" (Heb.11:6)

Fe en Jesucristo es lo que nos da la justicia de Dios, ésta fe viene por oír la Palabra de Dios y ésta Palabra nos hace vivir. Así dice la escritura:

" *N*o solo de pan vivirá el hombre, mas de todo lo que sale de la boca de Jehová vivirá el hombre." (Deu. 8:3, Mar. 4:4)

Antes de esto, yo tenía un conocimiento intelectual de la existencia de Dios. Ahora por el contrario, lo estaba experimentando. Y no es lo mismo que alguien te cuente como sabe la naranja, a que tú la comas, y que experimentes por ti mismo su sabor, su olor, su tamaño, sus propiedades y características, y sobre todo de lo que es capaz de obrar en tu ser. Es por eso que nosotros los creyentes, siempre hablamos de experiencias, pues es en base a experiencias, que nuestra nueva vida se va afirmando en la ROCA DE NUESTRA SALVACIÓN.

Después de que los ujieres hubieron tomado nota de nuestros nombres, tocó el tiempo de oración por los enfermos. Cuando el predicador estaba orando por diversas enfermedades, recuerdo que levanté mis manos, es decir solo doblé mis codos, pues tenía vergüenza levantar mis manos a Dios. En la institución religiosa donde yo había sido enseñada, no se acostumbra a levantar las manos en señal de arrepentimiento o alabanza a Dios.

Mi intención era hablar al Señor. Cerré mis ojos y nuevamente, empecé a verter lágrimas de arrepentimiento. Después de unos instantes, me dí cuenta que tenía los brazos completamente extendidos hacia arriba y a gritos clamaba a Dios su perdón. De pronto, sentí un calor en todo mi cuerpo, el que también estaba adormecido. Me sostenía parada sobre las puntas de mis pies. En ese momento, me dí cuenta, que mis palabras ya no eran suplicando perdón, sino agradeciendo a Dios su perdón. Y a gritos nuevamente yo decía: ¡GRACIAS SEÑOR, GRACIAS DIOS MÍO! una y otra vez, con el rostro cubierto de lágrimas. Para entonces ya no me importaba quienes me podrían ver o escuchar; esto era maravilloso, y no deseaba que se acabe.

De pronto, cuando este calor se derramaba como una catarata sobre mi, sentí como si hubieran puesto un casco en mi cabeza, era apretado como la presión que hacen aquellas gomas que se utilizan para destapar los lavaderos[1], comparo esta sensación con eso, porque era completamente ajustado a mi cabeza, alrededor de mi frente; además, sentía que era suspendida por mi cabeza; sentía como si mi cuerpo se estuviera levantando, y por eso, estaba sobre las puntas de mis pies.

Era como cuando uno va a levantar un objeto, calculando o sabiendo su peso, de pronto cuando levantamos dicho objeto con una determinada fuerza dispuesta en las manos, resulta que éste no pesa tanto; la fuerza empleada hace que se suban las manos, porque el peso no es el que habíamos preconcebido. Creo que fue aquello lo que me ocurrió en ese momento. Mi cuerpo físico, es-

---

1   zambullidor o émbolo.

taba acostumbrado a llevar mis pesadas cargas espirituales (pecados), que cuando el Señor tomó todo el peso de mis pecados, es decir mi culpa, éste se sentía tan liviano, que parecía volar. Si, en efecto, esto es lo que ocurre, mira lo que nos dice en Miqueas la escritura:

> "*El volverá a tener misericordia de nosotros; sepultará nuestras iniquidades, y echará en lo profundo del mar todos nuestros pecados.*" (Miq.7:19)

Si la Palabra nos dice que Dios por su misericordia toma nuestros pecados y los echa en lo profundo del mar; sin duda alguna, algo es echado fuera de nosotros, solo que nosotros naturalmente no lo vemos, pues es espiritual, ya que el pecado lleva culpa y la culpa tiene peso, esto en el mundo espiritual.

> "*Por tanto, nosotros también, teniendo en derredor nuestro tan grande nube de testigos, despojémonos de todo PESO y del pecado que nos asedia, y corramos con paciencia la carrera que tenemos por delante.*" (Heb.12:1)

Sin embargo, aunque este peso espiritual es invisible, tiene resultados colaterales en el mundo físico. Sí, aquel peso por consecuencia de la culpa, rinde sus propios frutos en nuestras vidas. Claro está, estos son frutos de muerte, como fornicación, lascivia, envidia, avaricia, blasfemia, maledicencia, hechicería, sensualidad, infidelidad, homosexualidad, rebeldía, idolatría, vanidad, manipulación, variedad de vicios o adicciones al cigarrillo, alcohol, drogas, robo, engaño, mentira, y muchos otros, los cuales son llamados:

PECADOS.

Cuando sentí esa presión en mi cabeza, todo mi cuerpo adormecido, aún mi lengua la sentía gruesa, como adormecida dentro de mi boca, me dije: "Eugenia te has emocionado demasiado, ¡Contrólate!" Entonces abrí mis ojos, bajé mis brazos, me callé, y me dije: "Esto es emoción." Pero en ese mismo momento percibí que esa presión sobre mi cabeza continuaba, mi cuerpo seguía adormecido, ese calor, o fuego de Dios abrazaba todo mi cuerpo. Nuevamente me dije: "Eugenia, esto no es emoción, ¡ESTO ES DIOS!" Entonces continué, levante mis brazos; cerré mis ojos y dejé que el eterno amor de Dios me llene toda. Que maravilla sentir el glorioso fuego del Señor.

Aquella noche, que fue la primera de doce que duraría aquella campaña de evangelización, algo más que apasionante empezaba a tomar lugar en mi vida. Yo había sido bautizada en el Espíritu Santo de Dios. Yo, llena de pecado, vencida por el mundo, abandonada, llena de dolor y quebranto, había sido contemplada por el más Alto, Santo y Sublime. El amor de Dios se acababa de manifestar en mi vida y el producto de ese amor fue paz en mi alma.

Mientras oraba frente a la plataforma, tuve una visión; ésta visión fue la primera señal que sería manifestada en mi vida, después de haber creído. ¡Aleluya! Estaba a punto de que una profecía dicha por el profeta Joel miles de años atrás, se plasmara también en mi vida, pues así dice la escritura en el libro de Joel, y lo repite el apóstol Pedro en su primer discurso en el libro de los Hechos[1].

---

1   Y en los postreros días, dice Dios, derramaré de mi Espíritu sobre toda carne, y vuestros hijos y vuestras hijas profetizarán; vuestros jóvenes verán visiones, y vuestros ancianos soñarán sueños. (Hech.2:17)

"Ydespués de esto derramare mi Espíritu sobre toda carne, y profetizarán vuestros hijos y vuestras hijas; vuestros ancianos soñarán sueños, y vuestros JOVENES VERÁN VISIONES." (Joel 2:28)

Mientras oraba, teniendo los ojos cerrados, vi delante de mis ojos como el borde de dos hojas de palmera, una al lado izquierdo y otra al lado derecho, y estas se iban moviendo lentamente hacia el centro. El fondo era oscuro, mas el brillo de las hojas era de un plateado radiante que jamás he visto. Entonces fue cuando abrí mis ojos, y dije: "¿Que es esto?" Volví a cerrar los ojos y la visión continuaba como una película delante de mi vista. Estos objetos que parecían hojas de palmera llegaron a juntarse al punto que solo las separaba como dos centímetros de distancia, y cuando llegaron a ese punto, lo que era oscuro se tornó de un color blanquecino. Fue en ese momento que abrí mis ojos y exclamé, diciendo a mi hermano: "¡Rubén estás sano!" Lo dije con tanta certeza que era más allá de mi entendimiento. Rubén quedó paralítico después de haber recibido tres impactos de bala solo diez meses atrás. Aquella noche habíamos ido también a buscar a Dios por sanidad.

Entonces me dí cuenta que Rubén estaba tratando de ponerse en pié. Ayudándose con sus manos y brazos, trataba de levantarse de la silla de ruedas, y me dijo: "Sí, acabo de sentir mis piernas por primera vez desde que quedé así" (refiriéndose a la parálisis), pero luego se sentó y no pudo levantarse más, la sensibilidad fue momentánea.

Salimos luego del lugar, y después de acomodarnos en los fríos asientos del automóvil, empecé a relatar la visión a un cristiano de nombre Jesús a quien habíamos conocido esa misma noche con la esperanza de que él me diga que era aquello que había visto. Mi mamá y mi hermano también escuchaban atentos. Cuando comencé con el relato, algo maravilloso empezó a ocurrir: Yo decía: "Vi como los bordes de dos hojas de palmera que aparecieron del lado derecho e izquierdo del marco de mi vista, y estas lentamente se iban acercando hacia el centro; el color de estos objetos era de un color plateado resplandeciente." Entonces fue como si una voz me hubiera dicho: "Esas eran las costillas del cuerpo de tu hermano."

Seguí relatando: "Y el fondo era oscuro, pero cuando estos objetos semejantes a hojas de palmera se juntaron al punto que solo las separaba la distancia de dos centímetros, en ese instante el color del centro cambió, tornándose de un color blanquecino." La voz dijo: "La columna de tu hermano ha sido sanada." Fue en ese momento que yo había abierto los ojos y exclamado a mi hermano: "¡Rubén estás sano!" Entonces, en vez de que alguien de la audiencia dijera algo, yo les pude dar la interpretación, pues el Señor me lo había declarado.

Desde aquella noche, supe que yo no era la misma. Me sentía completamente diferente: liviana, llena de amor, un gozo inexplicable, un deseo de perdonar y vivir que me invadía toda. No quería tener nada en contra de nadie, ni que alguien tuviera algo contra mí. Eran mis primeros pasos en el Espíritu. El Señor, Dios de los cielos y de la tierra había pagado mi culpa. ¿Pero como podría ser la misma? Mira lo que dice la escritura:

"*Y JUNTAMENTE CON ÉL NOS RESUCITÓ, Y ASIMISMO NOS HIZO SENTAR EN LOS LUGARES CELESTIALES CON CRISTO JESUS.*"
(*Efe.2:6*)

¡Aleluya! había pasado de muerte a vida, acababa de nacer, y aparte de eso, estaba sentada en algo más que una silla, en los lugares celestiales con Cristo Jesús, ¡Aleluya! ¿Puede haber algo más emocionante y glorioso que ésto?

Aunque en aquel tiempo no lo sabía, pero como un recién nacido que por intuición natural reconoce los brazos de su madre, yo estaba reconociendo a mi Padre en Jesucristo. Esto era mi despertar a la vida, y como un recién nacido, mi deseo por alimento era grande. El recién nacido busca los pechos de su madre para ser alimentado. De la misma forma, yo empecé a buscar como ser alimentada por Dios. Fue un poco difícil, a cada lugar que iba probaba diferentes formulas, y muchas, aunque saciaban mi apetito momentáneamente, no producían en mí una buena digestión.

Seguí buscando de aquí para allá, la comida de la cual estaba hambrienta mi alma; Finalmente quedé establecida en una congregación trinitaria por el espacio de dos años. Sin embargo, así como se sabe que la mejor leche es la materna, ahora puedo decir que la mejor comida espiritual es la que viene directamente de Dios, y el Espíritu te dará testimonio en tu espíritu, cuando recibas el alimento que transforma tu alma.

Grandes cosas empezaron a suceder en mi vida, donde iba y a quien encontraba, contaba la maravillosa experiencia que había vivido. Tres días después de haber sido bautizada en el Espíritu Santo de Dios, seguía sintiendo en mi cabeza aquella presión, sobre la que les conté anteriormente. Esto era un testimonio físico para mi alma y todo mi ser de lo que había tomado lugar en mi existencia. Más tarde supe que aquello se llama Yelmo de la Salvación, que es una de las piezas de la armadura de Dios; Es decir que aquello que experimenté, fue una manifestación física del Yelmo de la Salvación. El yelmo representa la esperanza de salvación que es en Jesucristo.

> "Y tomad el yelmo de la salvación, y la espada del Espíritu, que es la palabra de Dios;" (Efe.6:17)

"*Pero nosotros, que somos del día, seamos sobrios, habiéndonos vestido con la coraza de fe y de amor, y con la esperanza de salvación como yelmo.*"
(1 Tes.5:8)

Y esta esperanza de salvación, es en nuestro Señor Jesucristo:

"*A quienes Dios quiso dar a conocer las riquezas de la gloria de este misterio entre los gentiles; que es Cristo en vosotros, la esperanza de gloria,*"
(Col.1:27)

"*Y la esperanza no avergüenza, porque el amor de Dios ha sido derramado en nuestros corazones por el Espíritu Santo que nos fue dado.*" (Rom.5:5)

La esperanza a la que hemos sido llamados, es la vida eterna en Cristo Jesús. La experiencia que tuve aquella noche, fue solo el comienzo de una nueva vida llena del gran poder y amor de Dios. El Señor empezó a trabajar en mi vida. Cada día he sido capaz de ver Sus manos de amor, dándome forma, con misericordia y compasión, con rectitud y justicia. No ha ocultado Su mano para corregirme, ni tampoco ha apartado Su misericordia para levantarme. Me ha limpiado una y otra vez, dejándome conocerlo en la hermosura de Su santidad.

A través de los años he experimentado en muchas ocasiones aquella presión en mi cabeza; es una sensación hermosa que ayuda a confirmar mi fe; pero hasta ahora una sola vez la he sentido con la misma magnitud que sentí aquella noche de mayo de 1987.

Una noche en junio de 1988, llegué a casa con un gran deseo de orar. En aquellos días escuchaba decir a muchos cristianos como Dios les hablaba. Entonces yo había estado pidiendo al Señor que me hable. Aquella noche pedí a mamá y a mi hermana Raquel que orasen conmigo. Nos reunimos en la sala, y comenzamos a adorar a Dios, de pronto, fue como si los cielos se hayan abierto derramando el fuego del Señor como una catarata, entonces escuché al Señor preguntarme: "¿Qué quieres?" Le respondí: "Que mi hija y yo nos vayamos contigo cuando Tú vengas". A través de los años con el arribo de mis otros hijos y mi esposo, obviamente la lista ha crecido.

Animo a todos a que no descuiden su salvación tan gran. (Heb.2:3) Es un tesoro digno de ser escudriñado.

CAPÍTULO II

VACUNAS DE SANTIFICACIÓN

Cuando empecé a seguir a Dios, había virus[1] en mí, de los cuales necesitaba ser inmunizada mi alma, ¡Aleluya! Las vacunas que reciben los niños, jóvenes y adultos son para evitar futuras manifestaciones de virus que pueden causar en muchas ocasiones enfermedades incurables. Las vacunas son esenciales para contar con una sociedad saludable. Hay ejemplos de poblaciones que desaparecieron por haber sido expuestos a manifestaciones de virus. Los habitantes de dichos pueblos no contaban con anticuerpos para luchar contra las enfermedades, o la gente en estas poblaciones no tenía conocimiento de vacunas, o no tenían las vacunas para ser inmunizados contra los virus portadores de enfermedades.

---

1   Virus: Principio de las enfermedades contagiosas; el virus de la fiebre tifoidea, es de un tamaño inferior a 0.2 micras, son causa de muchas enfermedades en el hombre (PLI)

Existen diferentes tipos de vacunas, que se utilizan para inmunizar (vacunar[1]) a las personas. Hay vacunas que se aplican una sola vez en la vida. Hay aquellas vacunas que se las aplica en dos, tres o más dosis, hasta que anticuerpos son creados en el individuo; y aquellas vacunas, que pierden su efectividad al paso de un determinado número de años y que por lo tanto se las aplica una y otra vez. Por ejemplo, para inmunizar a una persona de viruela, se necesita una sola dosis, la cual es obligatoria y por lo general es aplicada en los menores a temprana edad. Por otro lado para evitar el virus de Poliomielitis, se deben aplicar tres dosis para prevenir la enfermedad. La vacuna para el tétano es recomendable cada diez años.

De la misma forma yo también necesitaba ser liberada de virus o espíritus que estuvieron conmigo desde temprano en mi vida, aquellos espíritus se habían manifestado en mi vida de diferentes formas haciéndome creer que eran parte mía. Necesitaba que Dios me aplique vacunas y me libere de estos virus que estaban afectando mi vida. Necesitaba que anticuerpos (fe) sean creados en mí, que luchen contra virus portadores de enfermedades llamadas pecado. Así como hay diferentes tipos de vacunas, para diferentes virus, existen diferentes modos de liberación que Dios hace a sus hijos. Hay vacunas que son suministradas, en diferentes etapas y dosis hasta lograr la absoluta inmunidad en las personas que las reciben.

En lo espiritual, Dios efectúa ese tipo de liberación en nosotros los creyentes. Dios nos va liberando poco a poco, para que exista un balance en nuestra nueva vida. Supongamos que un niño recibe las tres dosis de polio de una sola vez, su organismo recibirá solo cierta cantidad, y el resto es desechado por el mismo. Es así en nuestro ser espiritual. Dios muchas veces nos libera por etapas de algunos espíritus debilitándolos hasta que llega un momento, en que estos ya

---

1   Vacunar = Fig. Poner al abrigo de (PLI)

no resisten más, y el creyente es absolutamente liberado, es inmunizado. Esto vendría a ser parte de nuestro proceso de santificación. La Palabra de Dios nos dice que fue voluntad de Dios, echar a las naciones de delante de su pueblo Israel poco a poco.

> "*YJehová tu Dios echara a estas naciones de delante de ti poco a poco; no podrás acabar con ellas en seguida, para que las fieras del campo no se aumenten contra ti.*" (Deu.7:22)

Si tomas un poco de tiempo, y lees el libro de Deuteronomio, o por lo menos el capítulo 7, te darás cuenta, que este libro es un resumen del éxodo o de la salida de Egipto que experimentó el pueblo de Israel. Los israelitas salieron de Egipto hacia la Tierra Prometida, la cual fue prometida a Abraham, el padre de la fe.

Este éxodo es tipo de la salida del mundo que los creyentes experimentan. Sin embargo, esta salida del mundo no es física sino espiritual. Cuando el Señor Jesús oraba por sus discípulos y por los que habían de creer por la palabra de ellos los cuales somos nosotros, dijo:

> "*No ruego que los quites del mundo sino que los guardes del mal. No son del mundo, como tampoco yo soy del mundo. Mas no ruego solamente por estos, sino también por los que han de creer en mi por la palabra de ellos.*" (Juan17:15-16 & 20)

Existen algunos virus que solo requieren de una sola dosis de vacuna para ser debilitados y extinguidos. Después de que el individuo ha recibido la vacuna, ya no se teme que sea atacado por determinada enfermedad que acarrea el virus. En lo espiritual existe aquello también. Dios nos hace liberaciones de algunos espíritus de una sola vez, es por eso que cuando somos bautizados en el Espíritu Santo de Dios, ya no somos los mismos. Esto es manifestado en cada creyente de diferente manera, de acuerdo a la urgencia con la que se viene a los pies de Cristo.

Supongamos que hay una persona que sufre con reumatismo por mucho tiempo. Esta misma persona, sufre un accidente y se hace una gran herida en uno de sus brazos. Una vez en el hospital lo primero que los médicos procederán a curar, no será el reumatismo que la persona herida lo ha sufrido por muchos años, sino la herida que está sangrando y que duele, además fue la herida que provocó el viaje de emergencia al hospital. En el hospital pondrán tal vez calmantes, un coagulante, sin duda desinfectarán el área, quizás sea necesario que se den algunas puntadas o muchas, para que la herida tenga una buena cicatrización y luego la vendarán.

En lo espiritual pasa lo mismo, cuando vamos al Señor por ayuda, de seguro vamos con alguna gran emergencia. Hay muchos tipos de emergencias en la vida: para algunas personas pueden ser enfermedades; para otras divorcios, para otras, la pérdida de casas o empleos; para otras la soledad; para otras el cansancio del pecado, de noches oscuras, de mañanas sin esperanza, etc. Es decir que el hombre se da cuenta que solo no puede vencer sus adversidades, él necesita ayuda divina, porque la ayuda terrenal ha fracasado. Cuando el hombre no tiene otra alternativa que la misericordia y gracia de Dios, entonces puede acercarse a Dios y pedir ayuda, porque el Señor es su única esperanza.

Muchas veces el hombre alarga el tiempo de sanidad espiritual ó física, porque sus ojos están puestos en las alternativas que el mundo ofrece. A Dios le gustaría que siempre fuéramos primero a El, pero la mayoría de las veces el hombre espera hasta que todas sus alternativas se acaben antes de acercarse a Dios.

Muchos de nosotros hemos sido heridos, atacados, engañados, olvidados, dejados como muertos en el camino de la vida, sin esperanza. Por la grandeza del impacto hemos sido desorientados, pero si ponemos nuestros ojos en el que puede levantarnos y sanarnos, otra vez veremos la victoria de Dios en nuestras vidas. En el libro de Lucas encontramos una hermosa historia de compasión.

> "*Pero un samaritano, que iba de camino, vino cerca de él, y viéndole, fue movido a misericordia; y acercándose, vendó sus heridas, echándoles aceite y vino; y poniéndole en su cabalgadura, lo llevó al mesón, y cuidó de el. Otro día al partir, saco dos denarios, y los dio al mesonero, y le dijo: Cuídamele; y todo lo que gastes de más, yo te lo pagaré cuando regrese.*" (Luc.10:33-35)

Así como el buen hombre de Samaria que atendió las heridas del viajero, nosotros también somos viajeros en éste mundo, Dios, el Señor procede del mismo modo, atendiendo las heridas de nuestro corazón. Con su sangre limpia nuestros pecados y con su gracia nos levanta. Dios extiende su mano, cubre nuestra vergüenza, quita el dolor y es ese el cambio que vemos después de haber rendido nuestras vidas a Él.

Te preguntaras ¿Porque aún hoy sigues teniendo conflictos con ciertas áreas en tu vida? Por lo mismo que la persona con reumatismo no fue atendida de emergencia por esa enfermedad que sufría por años, sino que fue la herida abierta la que ella declaró como emergencia, y la que en realidad la llevó hasta el hospital, esa herida fue la que los médicos trataron y curaron. Del mismo modo, ocurre con aquellos que rinden sus vidas a Dios. Aquello que declara el hombre como emergencia delante de Dios, es lo que Dios va a sanar. Recuerda pues entonces, cual fue la herida abierta y adolorida que te llevo al Doctor de doctores. Cual fue la que declaraste a Dios como emergencia. Entonces esa o esas áreas que tú declaraste, esa o esas son las que él sanó, las que él limpió. El Señor toma lo que nosotros le entregamos. Él no arrebata nada, absolutamente nada de nuestras manos, Él toma lo que nosotros le rendimos.

¿Rendiste el dolor del desengaño y soledad? ¿Rendiste tu vanidad de peinados ostentosos y vestidos indecentes? ¿Rendiste tu lujuria y amor por el dinero? ¿Rendiste el sexo, pornografía y lascivia? ¿Rendiste las drogas, el cigarrillo y el alcohol? ¿Rendiste, la mentira y el engaño? Lo que rendiste a Dios, aquello fue lo que Él tomó.

Sin embargo, no creas que sea tarde, hoy en este momento la sangre del Cordero sin mancha ni defecto, está lista para limpiar las manchas y defectos de tu alma. Esa sangre sigue color carmesí, caliente, como recién vertida de su ser. Esa sangre, es buena para limpiar tus pecados, solo ríndelos a Él.

> "*Si confesamos nuestros pecados, él es fiel y justo para perdonar nuestros pecados, y limpiarnos de toda maldad*" (I Juan 1:9)

¿Que más tienes que rendirle, o digamos confesarle? ¿Falta de paciencia y continua irritabilidad? ¿Falta de amor y continuos pensamientos de maldad? ¿Duda, miedo y falta de fe? ¿Descontrolado apetito, glotonería y pereza? ¿Engaño, mentira y palabras obscenas? ¿Rencor y falta de perdón que corroen tu alma? ¿Chisme y blasfemia? ¿Homosexualidad y fornicación? El Señor puede tomar el pecado que gobierna y agobia tu vida en un momento. Cuando éramos esclavos del pecado, éramos enemigos de Dios. Pero cuando nos rendimos a Él, Él tuvo misericordia, y si antes tuvo misericordia cuando éramos sus enemigos ¿cuánto más ahora, que hemos pasado de muerte a vida, no nos perdonará? Recuerda que su Espíritu es el que nos da vida.

> "Y si el Espíritu de aquel que levanto de los muertos a Jesús mora en vosotros, el que levanto de los muertos a Cristo Jesús vivificara también vuestros cuerpos mortales por su Espíritu que mora en vosotros." (Rom.8:11)

Existe también una vacuna que se aplica a adolescentes, cuando están entre los once y trece años. Esto quiere decir que éste virus se fortalece, así como el niño madura, dejando la posibilidad de que el virus se manifieste, provocando una enfermedad.

En el mundo espiritual, nosotros no debemos extrañarnos de liberaciones hechas por Dios en cristianos maduros, o en otros casos manifestaciones de espíritus inmundos en cristianos que han logrado o no cierto prestigio en su caminar con Dios. De alguna manera al paso del tiempo, algunos creyentes se relajan, bajan la guardia, y se acostumbran a la protección divina. Este estado es buen terreno para ataques de virus (demonios). Espíritus inmundos toman control de algunas áreas del creyente quien abre las puertas al pecado.

Estos espíritus inmundos, han considerado las áreas débiles del creyente, y se fortalecen en ellas. Cuando llega la hora de la prueba no existe resistencia por parte del creyente, y es arrastrado por el pecado. Esto ocurre generalmente, porque esa o esas áreas no han sido tratadas por Dios. Es decir que no son inmunes a las manifestaciones de estos espíritus (virus), porque dichas áreas no han sido rendidas a Dios, o más bien no han sido tratadas por el Doctor de doctores con su poder mediante liberaciones (con el uso de vacunas).

Muchas veces los virus se manifiestan en determinados lugares, ambientes ó atmósferas. Por ejemplo: En los lugares tropicales el tétanos es un virus que puede atacar a las personas a través de pequeñas herida. Entonces, si se planea el viaje a lugares tropicales se debe tomar precaución y actualizar al viajero con vacuna de tétanos. Es decir, que si una persona no ha estado expuesta a determinado ambiente nunca sabrá si es inmune a los ataques espirituales que existen en determinadas áreas.

Hemos visto en más de una ocasión, predicadores famosos, que después de haber servido a Dios por muchos años, fueron expuestos a ambientes de fama, dinero, mujeres, etc. Y no habiendo resistencia contra las tentaciones cayeron con la enfermedad del pecado. Es decir que no eran inmunes a las tentaciones que dichos ambientes poseen.

Las vacunas no son otra cosa que una porción muy pequeña de la misma enfermedad que se quiere evitar. Bueno, de la misma manera, pequeñas adversidades nos ayudan a fortalecer nuestra fe. La fe en Dios, crea en nuestro espíritu el temor de Dios. El temor de Dios nos guarda de caer en tentación, pues tenemos una constante conciencia ó conocimiento de la existencia de Dios. Es decir que la fe obra inmunidad en nuestro espíritu contra los ataques del enemigo de nuestras almas. En el siguiente versículo de I Corintios, el apóstol Pablo nos asegura, que el cada día muere:

"Os aseguro, hermanos, por la gloria que de vosotros tengo en nuestro Señor Jesucristo, que cada día muero." (I Cor.15:31)

¿Porque dice esto?, ¿No será, que al paso del tiempo, algunos virus se van fortaleciendo, ó quizás algunas áreas en nuestras vidas se van debilitando dando acceso a la manifestación de pecados?,

¿No es acaso, que el hombre nunca llega a ser inmune a las asechanzas del diablo?, para evitar aquello, Pablo nos dice que el diariamente muere. ¿Pero como es esto que muere? Diremos ¿Pobrecito pecador? ¿No es más bien que el cada día es más espiritual y menos carnal? pues ¿Que puede morir en nosotros si no es nuestra carne? Pablo dice que es en la carne donde mora el pecado. Es entonces la carne, la que tiene que morir; hasta que no haya carne donde el pecado more.

Esto quiere decir que los apetitos de nuestra carne, deben ser sujetos o sometidos al Espíritu de Dios, si el Espíritu de Dios mora en nosotros. Si estamos sujetos al Espíritu de Dios, la carne no se manifestará provocando escándalo[1]. Sin embargo para esto, tenemos que morir diariamente. Veamos como lo expone el Espíritu en las escrituras. En realidad, para tener un mejor contexto, se debe leer el capítulo 7:7-25 y continuar con el capítulo 8:1-27 de la carta a los Romanos; nosotros veremos una pequeña porción de lo que dichos capítulos nos muestran.

> "*De manera que ya no soy yo quien hace aquello, sino el pecado que mora en mi. Y yo se que en mí, esto es, en mi carne, no mora el bien, porque el querer el bien está en mí, pero no el hacerlo.*" (Rom.7:17-18)

Mas esto no termina aquí, sino que continúa en el capítulo ocho, donde tenemos la respuesta a nuestros conflictos carnales.

> "*Ahora, pues ninguna condenación hay para los que están en Cristo Jesús, los que no andan con-*

---

1   Ocasión de pecar que causa el mal ejemplo: Ser ocasión de escándalo para una persona. PLI

*forme a la carne, sino conforme al Espíritu. Porque los
que son de la carne piensan en las cosas de la carne;
pero los que son del Espíritu, en las cosas del Espíritu.
Mas vosotros no vivís según la carne, sino según el
Espíritu, si es que el Espíritu de Dios mora en vosotros,
y si alguno no tiene el Espíritu de Cristo, no es de él."*
(Rom.8:1,5 & 9)

Una mañana de marzo de 1996, le pedía al Señor que me cambie, que transforme mi vida. El me respondió diciendo: "Yo no cambio las vidas, sino que cubro las áreas que me son entregadas." Cuando éstas áreas son puestas a prueba, el creyente puede vencer, porque no es él quien esta en control, sino Dios. Recuerda que ya se renunció a aquella debilidad de la carne (pecado), es decir, que habiendo muerto al pecado, ¿como viviremos aún en el?

> *"... Porque los que hemos muerto al pecado, ¿cómo
> viviremos aún en él?"* (Rom.6:2)

¿Acaso no hemos experimentado alguna vez, que a pesar de que en oración de corazón hemos entregado algo al Señor; sin embargo, cuando viene la prueba, nuevamente salta la carne del viejo hombre? ¿A que se debe esto? Es simplemente, que levantamos la cubierta del Señor, quedando la carne donde el pecado mora al descubierto, desclavándonos de la cruz. Recuerda, el que te cubre, Él fue ya crucificado, y si Él nos cubre, nosotros clavamos nuestra carne en la cruz juntamente con Él, resistiendo al pecado.

> *"Sabiendo esto, que nuestro viejo hombre fue crucificado juntamente con él, para que el cuerpo del*

pecado sea destruido, a fin de que no sirvamos más al pecado. Porque el que ha muerto, ha sido justificado del pecado." (Rom.6:6 & 8)

Es decir, que cuando no pecamos, estamos haciendo la justicia de Dios, y esto no es otra cosa, que hacer Su voluntad, la obediencia a Su palabra.

Anteriormente, mencioné que después de haber entregado mi vida a Dios, y haber sido bautizada en el Espíritu Santo, me sentía liviana, llena de amor, paz y un gozo inexplicable, ¿Qué era aquello?, No era otra cosa, que la justificación del pecado que había recibido mi alma de parte de Dios. El sacrificio de Jesús en la Cruz, justificó de esta manera mi maldad y pecado en su muerte. Es por eso que cuando Pablo habla de morir, él no se refiere a una muerte física, sino espiritual, porque Jesús murió una vez por todos.

"Ypor medio de él reconciliar consigo todas las cosas, así las que están en la tierra como las que están en los cielos, haciendo la paz mediante la sangre de su cruz." (Col.1:20)

El significado de vacunar es, "Estar al abrigo de". Esta frase me llamó la atención, porque esta en uno de los salmos:

"El que habita al ABRIGO DEL ALTISIMO morará bajo la sombra del Omnipotente." (Sal.91:1)

Cuando somos inmunizados (liberados), venimos a habitar al abrigo del Altísimo. Una señora compartió su conversión conmigo, y de lo que Dios la liberó cuando ella creyó en el Señor. Me dijo: "De la noche a la mañana, mi atuendo del pasado me avergonzaba y no volví a usarlos nunca más." Yo también le conté mi conversión; le dije como el Señor se llevó mi tristeza, y me trajo alegría; seco mis lágrimas y me llenó de amor y gozo, perdonando mis pecados.

En ese momento, por primera vez pude ver la individualidad con la que el Señor trabaja en cada vida. Ambas bautizadas por el mismo Espíritu Santo de Dios, sin embargo ambas fuimos al Doctor de doctores con diferentes enfermedades. Ambas teníamos nuestras vidas desordenadas, mas las áreas del desorden eran diferentes.

He visto en diferentes instituciones religiosas, que los líderes, se empecinan en cambiar la apariencia física de los miembros. Pretenden que la aspirina funcione para todos los males, pero vemos en los hospitales a los enfermos que son tratados de acuerdo a sus males; algunos con cirugías, otros con químicos, otros con antibióticos, etc. Sin embargo, todos tienen la esperanza de mejorar.

No me mal interpreten, creo que la santidad del corazón será reflejada en la apariencia física, pero esto no ocurrirá viceversa, la apariencia física no santificará el corazón.

> "Y Jehová respondió a Samuel: No mires a su parecer, ni a lo grande de su estatura, porque yo lo desecho; porque Jehová no mira lo que mira el hombre; pues el hombre mira lo que esta delante de sus ojos, pero Jehová mira el corazón." (1 Sam.16:7)

CAPÍTULO III

COMO EL PERRO QUE VUELVE A SU VÓMITO

"... El perro vuelve a su vómito, y la puerca lavada a revolcarse en el cieno." (2Ped.2:22)

En una fría tarde de julio de 1987, algunos amigos nos reunimos para orar y compartir la Palabra de Dios en mi casa. Mis pensamientos eran confusos, la influencia de mi naturaleza humana continuaba teniendo gran impacto en mi diario vivir. Yo solo miraba las circunstancias de ese momento; una madre soltera, una hija sin padre, y los enemigos que se suscitaron cuando pasé al bando de Dios. Manos acusadoras apuntaban mi pecado, del cual ya había sido perdonada. Sin embargo, dice la Palabra de Dios "El hombre natural no percibe las cosas espirituales." Yo misma era un bebé espiritual, que respondía más fácilmente a mi humana naturaleza antes que a las cosas espirituales.

Mis peores enemigos eran mi papá y mi hermano Leví. En mis primeros días de peregrinaje como hija de Dios, adoptada por la sangre de Jesús; trataba de vivir santa y piadosamente delante de Dios. Pero los conflictos familiares eran diarios. Entonces, después de analizar brevemente la situación de mi vida, decidí viajar, así como el perro que vuelve a su vómito, una vez más trataría de convencer a aquel hombre a casarse conmigo. Aunque dentro de mi corazón, sabía que no lo haría.

Después de haber tomado la decisión de viajar a San Borja[1], pregunté a Rosmery una de las amigas que vino a orar, que pensaba ella de mi decisión. Rosmery me dijo "No viajes, espera en Dios, el tiene grandes planes y también un esposo para ti que será un verdadero papá para tu hija." Pero como dije antes yo había decidido viajar, y así lo hice. Al día siguiente 28 de julio de 1987, tomé a mi hija, un pequeño equipaje y viajamos a San Borja.

Esta no era la primera vez que iba a aquel lugar. La primera vez fue en 1982, cuando por rumores, se sabía que el valor de cambio de los coca-dólares[2] estaba mejor en San Borja que en el mercado de La Paz. Entonces queriendo hacer negocio, fui a San Borja con Susana, una amiga de la familia que tenía familiares allí. Después de nuestro arribo, almorzamos y fuimos a dar un paseo en motocicleta. Al final de nuestro recorrido, vimos a dos hombres que platicaban en una esquina. Estos al ver a Susana la saludaron muy atentamente. Inmediatamente pregunté a Susana: "¿Quién es aquel moreno alto?" Ella dijo: "Mi primo, su madre es hermana de mi padre. ¿Te gusta?" Le contesté: "Si, ¿Es casado?" Ella dijo: "No, era."

Cuando llegamos a su casa, me di una ducha, me vestí, y con mi cabello aún mojado me dirigí a la sala donde esperaba Susana. Susana me dijo: "Ven te presentaré a alguien." Cuando levanté mi vista, me

---

1   Pequeña ciudad en el oriente boliviano
2   Circulante norte americano introducido al país a través del tráfico de narcóticos ilegales (droga)

dí cuenta, que se trataba de aquel por quién yo había preguntado unas pocas horas antes. Apoyado en una motocicleta, a la sombra del tejado del corredor, y tras aspirar el humo de un cigarrillo, sonriente me saludó. Quién se podría imaginar que en aquella hora, acababa de conocer al hombre que me haría derramar las lagrimas más amargas de mi vida, a éste le llamaré Jabes por que me hizo sufrir.

Este hombre marcaría un período de dolor en mi vida; un tiempo de tristeza, de quebranto, desilusión, soledad, miedo e inseguridad. Aquella noche cenamos juntos, y más tarde fuimos a bailar. Me quedé dos días más en San Borja, y como dichos coca-dólares no aparecieron, retorné a La Paz.

En tres oportunidades Jabes me visitó en La Paz. Pasó el tiempo, en marzo de 1983, viajé con un tío y su familia a los Estados Unidos. En octubre de 1984 retorné a La Paz. En 1985 estaba enseñando inglés en una escuela en La Paz. Ese mismo año en julio, recibí una inesperada llamada telefónica, era Jabes, quien después de saludarme, me invitó a almorzar. Al día siguiente nos encontramos tarde porque yo había olvidado los planes de nuestro encuentro, caminamos a un restaurante. Y antes de que empezáramos a comer, el tomó mis manos y me pidió que me casara con él. Esto me tomó por sorpresa, porque esta propuesta no tenía fundamentos. Sin embargo, yo misma los construiría.

Aquella tarde retorné a mi casa con la mente llena de ilusiones, planeando una boda (que nunca se llevaría a cabo), imaginando mis invitados (los que nunca recibirían sus invitaciones.) Tres días más tarde Jabes vino a casa para pedir mi mano en matrimonio. Mis padres respondieron que era un poco apresurado que esperáramos un poco de tiempo. Las visitas de Jabes se hicieron frecuentes. En dos oportunidades más volvió a pedir a mis padres que nos dieran el consentimiento de casarnos. Pero mis padres sólo dilataban el tiempo.

Pasaron los meses y los viajes de Jabes a La Paz eran constantes.

Sin consentimiento de mis padres, en septiembre él me dio mi anillo de compromiso, fijamos el lugar y fecha para la recepción del matrimonio. En noviembre de 1985, quedé en cinta. En su siguiente viaje a La Paz, la segunda semana de diciembre, le referí la posibilidad de mi embarazo, sin tener aún la prueba de un examen médico. El me dijo que aquello no era posible, y negó absolutamente que mi embarazo fuera su responsabilidad. Tuvimos un terrible desacuerdo en mi casa, de la cual el salió, terminando toda relación entre ambos.

Una gran incertidumbre se apoderó de mí, al día siguiente, me sometí a una prueba de embarazo, y ésta salió negativa. Ese mismo día, en la noche, hice una carta a Jabes, confirmando la decisión que él ya había tomado, de romper toda relación entre ambos. Esta carta sería llevada a San Borja por Susana, prima suya, temprano la siguiente mañana.

Aquella misma noche llamó mi tío de los Estados Unidos, invitándome a regresar a Maryland. El y su familia estaban retornando a Bolivia, pero antes irían al estado de Florida, a Disney World. Pensé que ésta sería la mejor manera de disolver éste compromiso. Al día siguiente, hice todos los trámites necesarios para el viaje, que asombrosamente no se vieron estorbados de ninguna manera; y a las 8 de la noche salía mi vuelo hacia los Estados Unidos.

Después de haber hecho todos los trámites del viaje, alrededor de las 4:30 de la tarde, retorné a casa para alistar mi equipaje. En ese momento Jabes llamó por teléfono, y me pidió que habláramos por radio. El ya había leído la carta que yo le había enviado con Susana. Este equipo de radio el instaló en mi casa con el fin de que nos comunicáramos todos los días. Tres, cuatro, o más veces durante el día y la noche. (Cuando el instaló el radio, no me imaginé que era para tenerme controlada, pues solo tenía que tomarme 25 minutos el llegar a la casa del trabajo. Si por algún motivo me retrasaba unos pocos minutos, empezaban las preguntas de desconfianza, pero cuando me dí cuenta de sus celos enfermizos ya era demasiado tarde.)

Como El Perro Que Vuelve A Su Vomito

Esta conversación, sería la últimas que tendríamos antes de mi viaje a los Estados Unidos, él dijo que me amaba, me pidió que le disculpe por todo el inconveniente que tuvimos dos días antes, y que por favor no viaje que lo espere que estaría en La Paz tan pronto como le fuera posible. Pero yo teniendo en mis manos un resultado negativo de embarazo; pensé que era mejor romper de una vez por todas, esta relación, en la cual él ya había empezado a mostrar lo que en realidad era. De todas maneras le dije que lo vería en enero del próximo año 1986, cuando retornara de mi viaje.

A pesar de un resultado negativo de embarazo, en efecto estaba en cinta, mi viaje se convertiría en un terrible estado de náuseas y vómitos; no disfrutaría nada del viaje, menos de las atracciones de Disney. Pasaron los días, y retorné a La Paz, los primeros días de enero. Lejos estaba de saber que mis días se oscurecerían cada día más y más. Me comuniqué con Jabes quién estaba en Santa Cruz. Me dijo que fuera a encontrarlo allí. Cuando nos vimos el se mostraba feliz, lleno de planes, y decía que la noticia de mi embarazo era su regalo de Navidad.

Todo ese tiempo que estuve en Santa Cruz la pasamos juntos. Al paso de los días, Jabes fue perdiendo el interés de contraer matrimonio, juntamente con la felicidad y la emoción de que fuéramos a tener una hija. Yo sería una más que tendría una hija con él. Me hizo retornar a La Paz, porque quería que saliera de casa de mis padres, casada. Sin embargo, pasaron los días, y cuando tenía cuatro meses de embarazo, tomé coraje, y hablé con mis padres y les dije la verdad. A este punto las cosas empezaron a tornarse aún más oscuras para mí. Los reproches de parte de mi familia eran insufribles. No hubo quién me tienda la mano, toda ilusión o esperanza que mis padres tenían conmigo, se acababan de derrumbar.

En este tiempo tuve dos sueños: Uno fue que perdí mi anillo de compromiso, el cual Jabes me había dado en septiembre de 1985. En el sueño, estábamos frente a la iglesia de San Francisco en La Paz;

y mientras buscaba mi anillo entre los adoquines de la calle, llovizaba. Finalmente encontré el anillo, mas estaba roto, y cuando se lo mostré a Jabes, él lo tomó, y lo puso en el bolsillo de su camisa. En el otro sueño, yo entré a una iglesia en La Paz, allí vi la celebración de una boda. La novia vestía un hermoso vestido blanco, y el novio un traje oscuro, pero también había una niña como de unos cuatro a cinco años de edad. La niña, también vestía un vestido blanco, y estaba de pié delante de la pareja.

Pocos meses más tarde supe que el anillo roto, representaba la ruptura de nuestro compromiso. La lluvia representaba las lágrimas que incesantes vertieron mis ojos por muchos, muchos días y noches. Años más tarde, el 14 de septiembre de 1991, la antigua Maria Eugenia, vería la realización del sueño en la celebración de una boda; la nueva Maria Eugenia con Philip Martin. De pié con la pareja estaría la pequeña Nohelia Silvana, de cinco años de edad. Dios es el único Maestro que puede tomar piezas rotas, pedazos desechados por algunos, y restaurarlos, hacerlos nuevos, y con ellos construye su iglesia, para su gloria.

Cuando vi que Jabes no venía a La Paz a cumplir su promesa, y los diarios inconvenientes domésticos que se agolpaban de día en día, yo decidí viajar a San Borja. Esta sería la segunda vez que iría a aquel lugar. Su familia estaba de duelo por el fallecimiento de uno de sus hermanos. Al tercer día de mi arribo, hable con Jabes acerca de nuestro compromiso de matrimonio. Él claramente respondió "No nos casaremos, porque tú quieres casarte solo por el que dirán de la gente." Dijo también: "Te puedes quedar hasta dar a luz y luego te vas." Nuevamente empezó a negar que mi embarazo fuera su responsabilidad. Aquella noche, toda esperanza había muerto para mí, y mi llanto sería mi único compañero por muchos meses más.

"*A margamente llora en la noche, y sus lágrimas están en sus mejillas...*" *(Lam.1:2)*

Desde el año 1983, yo había empezado a leer la Biblia. No puedo negar que mientras vivía en los Estados Unidos, en muchas situaciones la Biblia fue Luz para mi oscuro caminar. Ahora durante este tiempo en San Borja, leía la Biblia, casi todos los días, abría la Biblia en cualquier lugar, y leía cualquier escritura que aparecía. Pero no importaba donde abriera, era siempre el libro de "Lamentaciones de Jeremías," donde Dios, me mostraba su enojo para conmigo.

"*E l Señor llegó a ser como enemigo, destruyó a Israel; Destruyó todos sus palacios, derribó sus fortalezas, y multiplicó en la hija de Judá la tristeza y el lamento*" *(Lam.2:5)*

Pasaron los meses, Jabes se acostumbró a mí y yo a él. Podría asegurar que se enamoró de mí. Yo entonces pensaba, que jamás podría llegar a amar a nadie más que a él, no sabiendo nada del amor.

Faltando casi dos meses para el nacimiento de mi hija, empecé a hablar a Jabes de mi partida. Yo tenía problemas de salud, y por eso quería estar en La Paz para el nacimiento de mi hija. Además de aquella buena razón, estaba la otra; Jabes me dijo que después del alumbramiento me fuera. Cuando hable a Jabes de mi partida, le tomó por sorpresa y cambió su actitud; empezó a hablar de las cosas y propiedades que tenía. También estaba más cariñoso, pero no hablaba de que fuéramos a contraer matrimonio. A pocos días, volamos a una de sus estancias, un hermoso lugar, con laguna, pista de aterrizaje, bosques, casas, ganado. Cuando vi que su interés por agradarme empezó a aumentar, decidí no mencionar más el viaje a La Paz. Pero de pronto algo drástico aconteció. El 14 de julio de 1986, recibí una llamada de La Paz, era una vecina que me informó de los disparos que había recibido mi hermano Rubén en Cochabamba.

Las posibilidades de sobrevivencia que tenía Rubén eran muy pocas, un proyectil fue en su cara, y otro en su espalda, esta última se localizó en su columna, que lo dejaría postrado en una silla de ruedas. Ahora, el viaje que yo pensé, no se daría, sorpresivamente tomaría lugar al día siguiente. Jabes y yo, viajamos a Cochabamba. Allí estaba mi hermano Rubén, que peleaba entre la vida y la muerte. Mamá y Raquel, mi hermana mayor, se habían trasladado a Cochabamba inmediatamente después de recibir la noticia sobre Rubén.

Después de tres días Jabes partió a Santa Cruz, asegurándome que en unos diez días estaría en La Paz. Cinco días más tarde yo también partí rumbo a La Paz, para esperar el día del nacimiento de mi hija. Rubén tenía un diez por ciento de posibilidades para volver a caminar. Su mente y su corazón solo se inclinaban al dinero. Allí también estaban unos hombres que trabajaban para él, en aquella ilícita actividad del narcotráfico. Estos hombres lo visitaban constantemente en el hospital para recibir órdenes. Desde su cama Rubén los dirigía, muchas veces balbuceando las palabras. El disparo en su cara, rompió dientes y la bala se incrustó en su mandíbula, dejándolo casi imposibilitado de abrir su boca.

Unos pocos días después de mi arribo a La Paz, mi hija nació, el 5 de agosto de 1986. Recién acabada de nacer, ella ya tenía sus hermosos ojos abiertos, después de unos instantes empezó a llorar, al tomarla en mis brazos se calló, pero entonces yo empecé a llorar. Sin saber aún nada de Dios, yo ya era participante de un plan suyo, y heredera suya, pues dice así su Palabra:

"*He aquí herencia de Jehová son los hijos; Cosa de estima el fruto del vientre. Como saetas en*

mano del valiente, Así son los hijos habidos en la ju-
ventud. Bienaventurado el hombre que llenó su aljaba
de ellos; no será avergonzado. Cuando hablare con los
enemigos en la puerta." (Sal.127:3-5)

La tomé en mis brazos, y supe entonces, que yo era la única persona que ella tenía para cuidarla y amarla. Dios me había dado la responsabilidad más grande de mi vida, el cuidar de otra vida. Dios de sus tesoros nos da los hijos, y ellos son herencia de Jehová para nosotros los hombres. Tres días más tarde, nos fuimos a la casa. Es cierto que tenía incertidumbre sobre nuestro futuro, pero lejos estaba de imaginarme lo que aún faltaba por acontecer. Una terrible depresión se apoderó de mi, era insufrible. Este estado de depresión también influenciaba en mi hija grandemente.

"...¿ A quién te compararé para consolarte, o virgen hija de Sión?. Porque grande como el mar es tu quebrantamiento; ¿Quién te sanará? (Lam.2:13)

En las noches abría los ojos, y estos se llenaban de lágrimas que corrían abundantes, mojando las almohadas. Y los días fríos y obscuros de invierno agravaban aún más el dolor de mi alma.

"... O h hija de Sión, echa lagrimas cual arroyo de día y de noche; No descanses, ni cesen las niñas de tus ojos." (Lam.2:18)

A mi manera, empecé a clamar a Dios y a la Virgen, pues era lo que entonces conocía. Recuerdo que tenía dos vírgenes, una hecha de goma y la otra de estuco. Allí arrodillada frente a ellas, derramaba mi angustiado corazón.

También había en la habitación un cuadro de Jesús. Viendo el silencio e indiferencia que las vírgenes mostraban empecé a clamar a Dios delante del cuadro. Pasaron algunos días y algo curioso empezó a ocurrir. Cada vez que clamaba delante del cuadro, esta cara me asustaba, y no me gustaba más mirarla cuando de rodillas derramaba mi dolor.

> "*B*ueno es Jehová a los que en Él esperan, al alma que le busca.*" (Lam.3:25)

Veintiún días después del nacimiento de Nohelia, Jabes vino a La Paz, y después de tres días se fue. Esto se repitió con frecuencia, venía dos o tres veces al mes de visita y luego se iba. Pasó el tiempo y estas visitas fueron menguando, así como menguaba su amor por mí y por mi hija.

Cuando mi hija tenía cuatro meses de edad, nuevamente la desesperación me llevó a San Borja, esta sería la tercera vez que iba a allí. Había propuesto en mi corazón quedarme; ya no me importaba cual sería mi situación. Sin embargo, después de dos días Nohelia se enfermó tanto que tuvimos que regresar a La Paz. Después de tres días en La Paz, Nohelita estaba completamente sana.

Durante este tiempo mi hermana Rut tuvo su primera hija. Rut fue más que una hermana para mí. Rut era mi amiga, viendo mi soledad y dolor nunca me dejo sufrir sola, ella siempre estaba allí, no solamente como compañía, pero muchísimas veces suplía lo que nos faltaba.

No quepa la menor duda en mi corazón que durante este periodo de tiempo, oraciones de algún santo estaban siendo contestadas por el Creador. Con desesperación empecé a buscar a Dios.

> "*Escudriñemos nuestros caminos, y busquemos, y volvámonos a Jehová Levantemos nuestros corazones y manos a Dios en los cielos; (Lam.3:40-41)*

En aquel tiempo mi alma hambrienta y sedienta de justicia, empezó a buscar lugares donde poder ser saciada. Un día mi hermana Rut y yo, tomamos a nuestras hijas y fuimos a una iglesia localizada en un edificio diferente a los edificios ornamentados que nosotros visitábamos antes. Aún allí mi alma continuaba sedienta.

Cada vez que caminaba por las calles, buscaba con ansiedad algún letrero o señal que me muestre algún lugar donde encontrar al verdadero Dios del cual estaba sedienta mi alma. Algo dentro de mí, sabía que la vida era algo más de lo que hasta entonces yo había vivido. El dolor en mi corazón se había agravado grandemente, y la culpa de mi pecado me arrastraba errante sin esperanza. Y así de aquí para allá, de una iglesia a otra, estuve por el espacio de unos cuatro meses, pero mi apetito no era saciado. Me sentía culpable, y no me perdonaba la alocada vida que había vivido. Hoy veía las graves consecuencias de caminar sin Dios. Por esta falta de perdón y odio a mi misma, mi cuerpo empezó a experimentar las consecuencias.

> "*Desde lo alto envió fuego que consume mis huesos; Ha extendido red a mis pies, me volvió atrás, Me dejó desolada, y con dolor todo el día.*"
> (Lam.1:13)

No solo me odiaba a mi misma por lo que había hecho, de haber traído a mi hija al mundo sin hogar; sino que también odiaba a mi papá, quién estaba enfurecido conmigo. Este odio pronto empezó a manifestarse en mi cuerpo físico. Una mañana me dí cuenta que no podía sostener a mi hija en mis brazos. Las coyunturas de mi cuerpo estaban inflamadas y no respondían como de costumbre. Tenía intensos dolores en los dedos de las manos que no me dejaban accionar como de costumbre. Con gran trabajo y dolor usaba mis manos en mis diarios quehaceres.

Pocos días más tarde, el dolor se intensificó, y se extendió a mis rodillas y tobillos. Cierta mañana de marzo de 1987, aunque traté con todas mis fuerzas de ponerme de pié, no pude, mis piernas no podían sostenerme. En la tarde fui al doctor y después de unos exámenes me preguntó asombrado: "¿Qué comes?, tienes una acumulación de ácido úrico como de una persona de cincuenta años de edad enferma de artritis." Luego de darme una ligera explicación de dicha enfermedad, que no tiene curación, me dijo: "Lo que podemos hacer es detenerla con un tratamiento y una rigurosa dieta de por vida."

Una pequeña lista de alimentos que podía comer, y unas pastillas fueron el tratamiento que empecé aquel mismo día. A los pocos días los dolores disminuyeron, más la dieta era rigurosa. La primera semana de mayo, arribó mi hermano Rubén del Brasil. Él había ido al Brasil buscando sanidad. Allí le dijeron que solo un milagro de Dios lo podría hacer volver a caminar nuevamente.

El llegó a La Paz con la esperanza de que Dios le haga ese milagro. El vino para asistir a unas campañas de evangelización. Días más tarde, el 21 de mayo de 1987, Yiye Ávila, un evangelista de Puerto Rico, arribó a La Paz. Yo estaba ansiosa en espera de aquel día. Finalmente el día esperado llego. Nohelia tenía nueve meses de edad y como dice mi alabanza favorita: "Dios me dio razón de vivir."

"*Abogaste, Señor, la causa de mi alma; redimiste mi vida.*" (*Lam.3:58*)

Nuevamente me encontré viajando a San Borja. Habían pasado muchas cosas con Jabes, pero sentía que debía tratar una vez más. Después de haberme llenado Dios con su Espíritu, pensé que tal vez era mi lugar allí con Jabes. Una vez que arribamos a San Borja le rogué a Jabes diciendo "Por favor deja que nos quedemos." Para entonces él había perdido todo interés hacia mí. El día que arribamos a San Borja, una mujer estaba yéndose del pueblo, ella era una nueva novia.

Al día siguiente por la mañana, después de contarme sus últimos problemas financieros, Jabes partió a hacer un trabajo y no retornaría a San Borja antes de tres días. El cerró la puerta, y tras el golpe de la puerta, un silencio en el ambiente me hizo dar cuenta que por primera vez estaría a solas con su madre, a quien acababa de conocer durante éste viaje. Rompí el silencio del momento pidiéndole que interceda por mí con su hijo. Pero antes que termine de hablar, me interrumpió con arrogancia diciendo: "Jabes solo ama a su esposa, la madre de sus hijos, con quien él sigue casado. Y la situación en que te encuentras es únicamente culpa tuya." Esta revelación, sonaba en mis oídos como fuertes golpes de mazo sobre la mesa de un juez de corte. Al final de cada palabra mi corazón se resistía a escuchar esto que era nuevo para mí.

Al día siguiente Nohelita y yo estábamos de regreso en La Paz. Podría decir, que fue entonces que la puerta de mi corazón se empezó a cerrar contra Jabes. Aquella puerta quedaría completamente cerrada pocos días más tarde. Cuando llegué a La Paz, me dí cuenta que las palabras de Rosmery eran ciertas; ella me dijo que no fuera a San Borja, y que esperara en Dios. Entonces empecé a clamar a Dios desde lo profundo de mi corazón. Le pedí al Señor que me quite todo sentimiento hacia Jabes, y la respuesta no tardó. Pocos días más tarde supe que Jabes estaba en Santa Cruz, lo llamé por teléfono, y él no quiso contestar la llamada. Entonces le dejé un mensaje, que estoy segura ustedes no quieren escuchar, y que Jabes nunca olvidaría. Aquel día, Jabes salió de mi corazón. El perdió mi respeto y admiración. Respeto y admiración son las dos columnas donde se basa toda relación.

Después de un poco más de dos meses de haber sido bautizada en el Espíritu Santo de Dios, mi hermano Rubén, mi hija y yo empezamos a asistir regularmente a una iglesia trinitaria. Atendimos esta iglesia por el espacio de dos años. Poco a poco mis hermanas Raquel y Rut, comenzaron a buscar a Dios, y atendían esta iglesia también. Meses más tarde mi mamá vino al Señor también. Pasaron unos dos años y mi papá comenzó a atender los servicios de igual manera. Leví hasta ahora no está congregado pero ha tenido no pocas experiencias con Dios.

Un día mientras estábamos en el servicio, el predicador hizo un llamado, a todos aquellos que tuvieran testimonio de sanidad para compartir. En ese momento me dí cuenta que hacía más de un mes, que yo había terminado mi tratamiento para la artritis y también había empezado a comer regularmente sin experimentar dolor en mis coyunturas. Cuando el predicador hizo el llamado a los que tenían testimonio de sanidad, extendí los dedos de mis manos, porque no podía hacerlo sin experimentar dolor, y solo tenía un pequeño dolor en el dedo del medio de mi mano derecha. Caminé hacia el púlpito para testificar delante la congregación. Después de haber dado la gloria a Dios, dí como unos tres pasos dejando el púlpito y extendí mis manos nuevamente, el dolor había desaparecido por completo ¡Alabado sea el Señor!

Sí, Dios me ha traído por diversos caminos que nunca esperé. Me ha bendecido con grandes bendiciones que nunca imaginé. Él no ha tomado en cuenta mis acciones con las que me rebelé.

> "*Porque el Señor no desecha para siempre; Antes si aflige, también se compadece según la multitud de sus misericordias; Porque no aflige ni entristece voluntariamente a los hijos de los hombres.*"
> *(Lam.3:31-33)*

Han pasado once años desde entonces, y tal vez pase aún más tiempo, antes de que éste testimonio sea publicado, en que Dios me dio su salvación. La fidelidad de Dios es cierta para con los que le aman y le temen. (Han pasado casi 20 años, Nohelia esta estudiando su tercer año en la universidad, ella quiere ser una doctora misionera. [Ora con nosotros.]) Jabez sufrió una terrible enfermedad que lo llevó a la muerte el año 1999.

Si fuera llamada a describir la presencia de Dios en mi vida, diría que: "Es la culminación de todas las expectativas en la vida." "El me dió razón de vivir, cuando no tenía. Me tomó en sus brazos, cuando el mundo me abandonó. El me dió gozo, cuando solo tenía amargura. El tornó mi tristeza en alegría. El convirtió mis sueños en realidad. Me miró con ojos misericordiosos y llenos de ternura. El me dió amor cuando nadie me quiso amar. Es por eso que amo a Cristo. El Señor tomó mi vida y mi corazón y me hizo una nueva criatura. Por eso doy mi alabanza a Dios porque Él me amó cuando nadie me quiso amar." (De la alabanza "Razón de Vivir")

> "*Porque mejor es un día en tus atrios que mil fuera de ellos. Escogería antes estar a la puerta de la casa de mi Dios, que habitar en las moradas de maldad.*" *(Sal.84:10)*

CAPÍTULO IV

LOS LUGARES CELESTIALES

Una madrugada de agosto de 1995, yo estaba en oración suplicándole a Dios por una de mis hermanas, a quién amo tanto. En este tiempo ella estaba con problemas de orden doméstico que la condujeron a una absoluta falta de paz. Esta amada hermana estaba viviendo uno de los momentos más desagradables de su vida, los diarios inconvenientes la tenían completamente atosigada. Aquella mañana, le rogaba al Señor que bendiga a Rut, le pedí que la establezca emocionalmente como lo había hecho conmigo. "Así como tu misericordia ha sido abundante para con tu sierva, lo sea también para con Rut." Le pedí. El Señor respondió y me dijo: "Todo lo que tu vives hoy, es fruto de tus oraciones de madrugada, ayunos, desvelos, tu fidelidad para conmigo durante cinco años."

De pronto, en ese momento, una cortina fue abierta, y luz de revelación amaneció en mi entendimiento, ¡LOS LUGRES CELESTIALES! Nosotros sembramos en lo invisible, y cosechamos en lo físico. Mi querido amigo, no existe una sola oración que de corazón sincero haya salido de tus labios que no sea sembrada en los LUGARES CELESTIALES, y que a su tiempo no dé fruto, conforme a la voluntad de Dios.

Es como una semilla que es sembrada en el invierno, sin duda florecerá en la primavera y dará su fruto en el verano. Así también en lo espiritual; cuando los vientos fríos de desesperación soplan contra tu alma; cuando las desgarradoras manos del pasado se extienden hacia tu mente y corazón, es entonces que se debe declarar como único refugio a la Roca de Salvación, a Jesucristo, con quien podemos todas las cosas. En tiempos de adversidades se siembra la semilla de fidelidad. Si permanecemos firmes en la Roca de los Tiempos podremos ver su fruto. Cuando las presiones de la vida son más de lo que se puede soportar, entonces busca a la Roca que es más alta que tú[1] y deja que la Roca sea tu fuerza, derramándote sobre ella.

Es durante estos tiempos de prueba de tu fidelidad que la semilla esta siendo sembrada. Aunque entonces por las circunstancias, te parezca el terreno árido y desierto. Sin embargo, a su tiempo el frío se ira, la lluvia caerá, lo árido y seco ya no será, el sol brillará, un retoño brotará, y después el fruto mostrará la fidelidad de tu corazón.

> "*Los que sembraron con lagrimas, con regocijo segaran. Ira andando y llorando el que lleva la preciosa semilla; Mas volverá a venir con regocijo, trayendo sus gavillas.*" *(Sal.126:5-6)*

---

[1] "...cuando mi corazón desmayare. Llévame a la roca que es más alta que yo." (Sal.61:2)

Entonces recordé, todo aquel tiempo que sin desmayar buscaba constantemente la presencia de Dios. No fue fácil mi salida de Egipto, (Egipto es considerado tipo del mundo, el mundo es el mundo secular). Aunque con grandes prodigios mi Redentor había libertado mi vida de la misma muerte, el desierto que se extendía delante de mi era un paraje seco, solitario, sin sombra, sin agua que enjugue mi garganta. Muchos piensan que cuando entran a ser parte del reino de Dios, allí se acabarán sus problemas, más no es así. La Biblia NO dice: "Y llamaras su nombre Jesús porque él librara a su pueblo de sus problemas," sino que dice así:

> "*Y*darás a luz un hijo, y llamaras su nombre Jesús, *porque él salvará a su pueblo de sus pecados.*"
> (Mat.1:21)

Es esto precisamente lo que Jesús hace, salvarnos de nuestros pecados, porque son nuestros pecados los que traen problemas a nuestras vidas. En la medida que rendimos nuestra vida a Dios, nos convertimos en participantes de su gracia, poco a poco nuestros ojos se van ajustando a Su Luz. Empezamos a ser capaces de distinguir y de reconocer las cosas, llamándolas por sus nombres: "PECADOS". De pronto, nuestras antiguas actividades empiezan a perder valor, y como dice el apóstol Pablo:

> "*P*ero cuantas cosas eran para mí ganancia, las *he estimado como pérdida por amor a Cristo. Y ciertamente, aún estimo todas las cosas como pérdida por la excelencia del conocimiento de Cristo Jesús, mi señor, por amor del cual lo he perdido todo, y lo tengo por basura, para ganar a Cristo.*" (Fil.3:7-8)

Vida Eterna

Sabemos que el conocimiento es gradual; como el niño en primer grado, aprende a escribir las letras del alfabeto y aprende el sonido de las vocales y consonantes, y luego el sonido que emiten cuando estas son combinadas en sílabas, y luego aprende a leer pequeñas palabras y el significado de ellas; el nuevo creyente del mismo modo comienza a experimentar un aprendizaje gradual en esta nueva escuela de la vida espiritual. A medida que el creyente aprende la Palabra de Dios, y empieza a caminar en los caminos del Señor, él va a experimentar una pérdida gradual de todas las cosas que conformaban su antigua vida. Habiendo sido bautizado por el Espíritu Santo de Dios, se convierte en Su templo.

"¿No sabéis que sois templo de Dios, y que el Espíritu de Dios mora en vosotros? ...porque el templo de Dios, el cual sois vosotros, santo es."
(1Cor. 3:16-17)

Entonces, siendo el templo del Espíritu de Dios, Santo, el creyente no encuentra placer en el pecado, sino que lleno del amor de Dios se deleita en Su justicia, y el Señor lo libra de sus enemigos cada día. Los creyentes son llamados santos, aunque no hayan alcanzado aún una perfecta santidad. Isaías lo compara con un nuevo amanecer. Los primeros rayos de sol que rompen la oscuridad de la noche, hasta alcanzar la perfección de la luz del día.

"Entonces nacerá tu luz como el alba, y tu salvación se dejará ver pronto; e irá tu justicia delante de ti, y la gloria de Jehová será tu retaguardia."
(Isa.58:8)

Así, en la medida que nuestros ojos espirituales se van ajustando a Su Luz Admirable, nuestro caminar también se va afirmando en Cristo. Como los infantes cuando empiezan a caminar, muchas veces caen se ensucian, se lastiman y lloran. En el sentido espiritual, los creyentes a menudo caen, se ensucian, se lastiman y lloran delante de su Padre. Es decir que caen en pecado ensuciando sus nuevas vestiduras espirituales, pero al arrepentirse, logran el consuelo de Dios. El Señor como Padre amoroso, lleno de misericordia, los levanta, los lava, los lleva en sus brazos, hasta que nuevamente sienten confianza de poner sus pies en Sus caminos. Muchas veces los creyentes caen y ya no quieren levantarse, porque se sienten indignos, avergonzados, porque le han fallado otra vez a Dios. Sin embargo, si desde allí, desde el mismo barro cenagoso levantaran sus ojos para clamar de todo corazón por misericordia, Dios oirá y los levantará.

"*Mas si desde allí buscares a Jehová tu Dios, lo hallarás, si lo buscares de todo tu corazón y de toda tu alma. Porque Dios misericordioso es Jehová tu Dios; no te dejará, no te destruirá, ni se olvidará del pacto que les juró a tus padres.*" (Deu.4:29, 31)

Esto me recuerda mi primer ayuno; no había pasado mucho tiempo después de haber sido llena del Espíritu Santo de Dios. Tropecé y me caí, me encontré caída en pecado. Pensé "Este es el fin de este precioso sueño que acaba de empezar." Avergonzada de mi pecado, no me atrevía a orar ni hablarle al Señor. Pero mi Padre estaba cuidando de mí. Envió un pequeño grupo de cristianos a mi casa para cantar alabanzas y orar. Empezamos con las alabanzas, uno de ellos tocaba la guitarra, y él mismo nos guiaba con las canciones. Instantes después de haber empezado a alabar al Señor, empecé a derramar lágrimas de arrepentimiento, sin esperar que

Dios me perdone, pues había ensuciado mi vestidura blanca, que no mucho tiempo atrás Él me había dado cuando creí.

Teresa, una de mis amigas, me llevo a mi habitación y me preguntó "¿Cuándo tu hija se cae, ahora que está aprendiendo a caminar, vas tú y la pegas y la dejas en el suelo llorando?" Le contesté "No." Ella me dijo "Bueno, el Señor tampoco nos deja en el suelo llorando sin esperanza cuando nos caemos; sino que El sabe que estamos aprendiendo a caminar, y así, como tu tomas a tu hijita en tus brazos cuando se cae, y la consuelas, le secas las lágrimas, y la limpias si se ha ensuciado, el Señor hace lo mismo con nosotros, no temas ni te desanimes."

Aparte de la esperanza que había puesto en mi alma, lo que me sorprendió de todo esto, es que yo no había compartido con nadie mi pecado, (tu sabes el pecado se hace a ocultas, siempre pensando que nadie te ve), pero Dios mira el más oscuro y secreto escondite del corazón del hombre.

> "*El revela lo profundo y lo escondido; conoce lo que está en tinieblas, y con él mora la luz.*"
> (Dan.2:22)

Volvió entonces a mí la confianza de llamarlo nuevamente "Padre mío." Después de unos momentos regresamos a la sala donde los otros seguían cantando. Cuando entramos a la habitación, Elizabeth otra de las amigas del grupo, abrió su Biblia y empezó a leer Isaías 54 y me dijo "Esto es para ti." Mientras ella leía, yo me asombre, y con reverencia escuché todo atentamente.

> "*Regocíjate, oh estéril, la que no daba a luz; levanta canción y da voces de júbilo, la que nunca estuvo de parto; porque más son los hijos de la desamparada*"

que los de la casada, ha dicho Jehová.

Ensancha el sitio de tu tienda, y las cortinas de tus habitaciones sean extendidas; no seas escasa; alarga tus cuerdas, y refuerza tus estacas.

Porque te extenderás a la mano derecha y a la mano izquierda; y tu descendencia heredará naciones, y habitará las ciudades asoladas.

No temas, pues no serás confundida: y no te avergüences, porque no serás afrentada, sino que te olvidarás de la vergüenza de tu juventud. Y de la afrenta de tu viudez no tendrás más memoria.

Porque tu marido es tu Hacedor: Jehová de los ejércitos es su nombre; y tu Redentor el Santo de Israel; Dios de toda la tierra será llamado.

Porque como a mujer abandonada y triste de espíritu te llamó Jehová, y como a la esposa de la juventud que es repudiada, dijo el Dios tuyo.

Por un breve momento te abandoné, pero te recogeré con grandes misericordias.

Con un poco de ira escondí mi rostro de ti por un momento; pero con misericordia eterna tendré compasión de ti, dijo Jehová tu Redentor.

Porque esto me será como en los días de Noé, cuando juré que nunca más las aguas de Noé pasarían sobre la tierra; así he jurado que no me enojaré contra ti, ni te reñiré.

Porque los montes se moverán, y los collados temblarán, pero no se apartará de ti mi misericordia, ni el pacto de mi paz se quebrantará, dijo Jehová, el que tiene misericordia de ti.

Pobrecita, fatigada con tempestad, sin consuelo; he aquí que yo cimentaré tus piedras sobre carbunclo, y sobre zafiros te fundaré.

Tus ventanas pondré de piedras preciosas, tus puertas de piedras de carbunclo, y toda tu muralla de piedras preciosas.

Y todos tus hijos serán enseñados por Jehová; y se multiplicará la paz de tus hijos.

Con justicia serás adornada; estarás lejos de opresión, porque no temerás, y de temor, porque no se acercará a ti.

Si alguno conspirare contra ti, lo hará sin mí; el que contra ti conspirare, delante de ti caerá.

He aquí que yo hice al herrero que sopla las ascuas en el fuego, y que saca la herramienta para su obra; y yo he creado al destruidor para destruir.

Ninguna arma forjada contra ti prosperará, y condenarás toda lengua que se levantare contra ti en juicio. Esta es la herencia de los siervos de Jehová, y su salvación de mi vendrá, dijo Jehová." (Isa.54:1-17)

Cuando Elizabeth terminó de leer, me di cuenta que el Señor me amaba, que se interesaba tanto por mí que aún me dio promesas. Él tenía un plan para mi vida. Al paso del tiempo he visto muchas de esas promesas convertirse en realidad y aún hay muchas que están para cumplirse, porque Él es Dios fiel. No puedo describir con palabras la profundidad de Su amor, tendría que hacer un recuento diario de cada momento de mi vida. Sus cuidados y compasión son infinitos. Su misericordia me revive cada mañana.

Aquella noche empecé mi primer ayuno, sin tener mucho conocimiento de lo que era ayunar. Empecé a ayunar con la esperanza de que fuera agradable al Señor. Al día siguiente, sufrí en mi carne todo el día con hambre. Traté de orar pero después de unos momentos me puse de pié, pues no podía concentrarme. Esta era quizás, la primera vez que le estaba negando algo a mi carne, a mi ser natural, estaba poniendo mi cuerpo bajo sujeción, aunque en aquel tiempo no lo sabía.

A medida que pasaba el tiempo continué haciendo ayunos más a menudo, porque veía que mientras más sometía mi carne al Espíritu de Dios, ésta era menos vulnerable al pecado. También aprendí a orar en mis días de ayuno, y sin darme cuenta pasaba todo el día meditando en la Palabra del Señor, sin dejar de lado mis actividades diarias. Aprendí a orar diariamente, y me involucré en las actividades de la iglesia. Participaba en ayunos de la iglesia, grupos de oración, vigilias y seminarios bíblicos. También empecé a llevar la Palabra de vida y de consuelo a los necesitados y enfermos en los hospitales.

Creo que lo principal en la vida de un cristiano es desarrollar una estrecha relación con el Señor Jesús, entregándole la primicia de sus días, porque del Señor viene nuestra ayuda, y Él es proveedor de nuestro gozo y nuestra paz.

> "*Con mi alma te he deseado en la noche, y en tanto que me dure el espíritu dentro de mí, madrugaré a buscarte; porque luego que hay juicios tuyos en la tierra, los moradores del mundo aprenden justicia.*"
> (Isa.26:9)

Es importante que el cristiano desarrolle una mente dispuesta a ser cambiada, y un corazón abierto al Señor. Una mente dispuesta a ser cambiada es importante porque la mente del viejo hombre es completamente carnal, y está limitada a sus intereses terrenales. La mente abriga imaginaciones, paciones, deseos que guían al pecado. Es esencial tener un corazón abierto en el sentido de ser sinceros y honestos delante de Dios. Ambos la sinceridad y honestidad son factores críticos en el creyente, para poder confesar a Dios sus tentaciones, debilidades, y deseos carnales que guían a cometer pecado. Sin embargo, no vale de nada tener la mente dispuesta y el corazón abierto, si no existe el factor de cambio. Ese factor de cambio que produce transformación en el alma, es la Palabra de Dios.

En los libros de Primera y Segunda Reyes, vemos que una gran mayoría de los reyes de Judá e Israel hicieron lo malo ante los ojos de Jehová. Esto ocurrió porque algunos reyes no conocían a Dios ni sabían su ley; otros porque desecharon el conocimiento de Dios y de su Ley. En el libro de Segunda Reyes, encontramos que existió en Judá un rey llamado Josías. Josías fue uno de los pocos reyes de Judá que hizo lo recto ante los ojos de Jehová, y anduvo en el temor de Dios, y en todo el camino de David su padre.

> "*(Josias)... hizo lo recto ante los ojos de Jehová, y anduvo en todo el camino de David su padre, sin apartarse a derecha ni a izquierda.* (2Rey.22:2)

Un día cuando el rey Josías mandó trabajadores a reparar la casa de Jehová, uno de los sacerdotes encontró un libro, el cual contenía la ley de Jehová. El rey hizo que se la leyesen. Cuando el rey escuchó el contenido del libro, (la Palabra de Dios), rasgó sus vestidos en arrepentimiento y quebranto, porque vio que todo el pueblo estaba pecando contra Jehová, porque no tenían conocimiento de la ley de Dios. Entonces el rey mandó preguntar a la profetisa Hulda por él y por el pueblo, porque vió que ellos no cumplían la ley como se les había mandado en las escrituras. Dios contestó por medio de la profetisa, y dijo:

"... *He aquí yo traigo sobre este lugar, y sobre los que en él moran, todo el mal de que habla este libro que ha leído el rey de Judá.*" (2Rey. 22:16)

Más Dios había visto también el corazón arrepentido del rey Josías, y le prometió:

"... *Tu corazón se enterneció, y te humillaste delante de Jehová, cuando oíste lo que yo he pronunciado contra este lugar y contra sus moradores, que vendrán a ser asolados y malditos, y rasgaste tus vestidos, y lloraste en mi presencia, también yo te he oído, dice Jehová. Por tanto, he aquí yo te recogeré con tus padres, y serás llevado a tu sepulcro en paz, y no verán tus ojos todo el mal que yo traigo sobre este lugar...*" (2Rey.22:19-20)

Entonces, el rey envió preparar la celebración de la pascua a Jehová su Dios, la cual no se la había celebrado desde los tiempos en que los jueces gobernaban a Israel. El Rey Josías barrió con toda abominación que había sobre Judá e Israel, para cumplir las palabras de la ley que estaban escritas en el libro que el sacerdote Hilcias había hallado en la casa de Jehová.

Vemos que el rey Josías, no desechó, ni se rebeló al conocimiento de la voluntad de Dios, más se sometió a ella, aceptándola y además practicándola. Cierto es, que el corazón del hombre será lleno de lo que conoce, ya sea rebelándose a Dios en la vanidad de su mente o sometiéndose a ese conocimiento de Dios. Todo conocimiento que el ser humano obtiene, sea éste bueno o malo, le dará vida o le dará muerte. Vida, si el conocimiento que obtiene es bueno, para salvación; sometiéndose en obediencia y servicio. Muerte, si el conocimiento que obtiene es malo para perdición, sometiéndose a ese conocimiento en obediencia y servicio. Existe también la otra posibilidad, que el conocimiento que el ser humano obtenga sea bueno para salvación, y este (el ser humano), se rebele en la vanidad de su mente, rechazando aquel conocimiento y rebelándose a el. O que el conocimiento que ser humano obtenga sea malo, para muerte, mas éste se rebele a aquel conocimiento rechazándolo y apartándose de el, para vida.

Hay muchos ejemplos en la Biblia de hombres y mujeres que de una u otra manera han rechazado el conocimiento de Vida prefiriendo así la muerte. Entonces examinemos cual sea nuestro conocimiento, cualquiera que fuere nuestro conocimiento y se lo practicare, dará vida o dará muerte.

"*Pues habiendo conocido a Dios, no le glorificaron como a Dios, ni le dieron gracias, sino que se envanecieron en sus razonamientos y su necio corazón fue entenebrecido*" (Rom.1:21)

Refiriéndonos a los hechos del rey Josías, vemos que el conocimiento que obtuvo el rey acerca de su Dios, le dio vida y paz, pues el conocimiento de Dios y la obediencia a Su Ley le justificaron. El rey Josias se sometió a Dios, a través del conocimiento que obtuvo a cerca de Dios. Además practico lo que Dios mandaba en su Palabra, sirviéndole.

Cuando Saulo iba de camino a Damasco, para hacer lo que de acuerdo a su entendimiento era justo; es decir terminar con las vidas de aquellos que creían en Jesús. Saulo fue interrumpido por el Señor Jesucristo; Jesús le apareció como una gran luz que lo enceguó (Hec.9:1-6). Después que el Señor se dio a conocer a Saulo, inmediatamente éste se sometió a Dios llamándole primeramente, Señor, y luego al preguntarle "¿Que quieres que yo haga?" Cuando Saulo reconoció la autoridad y señorío de Jesús, éste se sometió en obediencia y servicio, practicando la justicia de Dios, la que le dio vida eterna, y un nombre nuevo, Pablo, demostrando así el cambio en su vida.

Por otro lado, podemos ver dureza de corazón en muchos de los gobernantes, publícanos, y fariseos en el tiempo del peregrinaje de Jesucristo en la tierra. Estos conocieron al Señor y su doctrina, pero se rebelaron a ese conocimiento, teniendo una mente y un corazón entenebrecidos. Ellos taparon sus oídos para no oír, y cubrieron sus ojos para no ver. Estos desecharon el conocimiento de Dios, y escogieron olvidarse de su ley.

> "Con todo eso, aún de los gobernantes, muchos creyeron en Él; pero a causa de los fariseos no lo confesaban, para no ser expulsados de la sinagoga. Porque amaban más la gloria de los hombres que la gloria de Dios." (Juan 12:42-43)

Así como los publícanos y fariseos, hubieron otros como Sansón, Saúl, Absalón, el mismo Adán, y muchos otros, que teniendo conocimiento de Dios, no quisieron someterse a su voluntad. Sino que envanecidos en sus propias mentes se rebelaron a Dios; endurando sus corazones, negaron la autoridad de Dios, su absoluta soberanía y potestad. De la misma forma en nuestros días, hay muchos hombres que niegan a Dios y se rebelan contra Su Palabra.

Muchos hombres y mujeres, creen que viven justamente, porque son buenos hijos, buenos padres, buenos esposos o esposas que cumplen con sus básicas obligaciones y responsabilidades; sin embargo, si aún no han reconocido a Jesús como único Salvador y Redentor de sus vidas, y si no han sometido en obediencia sus vidas a Él; ellos aún tienen el corazón endurecido rechazando a Dios. Cuando el hombre endurece su corazón, está negando el sacrificio de Jesús en la cruz. Algo que todo individuo necesita entender, es que nadie será salvo por buenas obras solamente, más por fe en Jesucristo. Es esa fe, la que hace sembrar en fidelidad aún en los tiempos de prueba o durante circunstancias adversas. Si permanecemos firmes durante esos tiempos de prueba, la Roca de nuestra salvación se afirmará debajo de nuestros pies, nuestra fe no será arrojada de aquí para allá por las olas de la vida, sino que recordaremos como el Señor limpió el despojo de nuestra vida pasada.

"*Porque por gracia sois salvos por medio de la fe; y esto no de vosotros pues es don de Dios; no por obras, para que nadie se gloríe. Porque somos hechura suya, creados en Cristo Jesús para buenas obras, las cuales Dios preparó de antemano para que anduviésemos en ellas.*" (Efe.2:8-10)

Los creyentes se demoran en sembrar en los lugares celestiales, porque sembrar en los lugares celestiales, no es una actividad práctica que responde a los apetitos de la carne, sino que es un acto de fe. ¿Cómo se puede desechar todo un día de buenos alimentos, para pasar hambre ayunando? ¿Cómo dejar de ver una película, para ir a visitar a desconocidos en los hospitales o en las cárceles? ¿Cómo despreciar la comodidad y tibieza de una cama y horas de precioso sueño, para ir a arrodillarse en un piso duro y frío, y orar? ¿Cómo despreciar una fiesta de bailes, comida y música, para atender un servicio de avivamiento? ¿Cómo pagar el diez por ciento del salario, si los niños necesitan zapatos y ropa? ¿Cómo sonreír al que te acaba de maldecir? ¿Cómo orar por quién te acaba de engañar y robar? ¿Cómo Señor, cómo?

La Biblia dice:

> "*Todo lo puedo en Cristo que me fortalece*" (Fil.4:13)

Alguno dirá, esto es un dicho muy liviano para mi realidad tan grande. La realidad es que la Palabra de Dios es la máxima autoridad. Si damos un primer paso de fe, Dios nos enseñará a confiar en Él. Cuando confiamos en Dios, estamos testificando de su poder, y Él no se avergonzará de nosotros; sino que atestiguará a nuestro favor.

> "*Palabra fiel es esta: Si somos muertos con él, también viviremos con él; Si sufrimos, también reinaremos con él; si le negáremos, él también nos negará.*" (2Tim.2:11 y 12)

CAPÍTULO V

BUSCAR A DIOS ES SEMBRAR, DAR ES MEJOR QUE RECIBIR

"... Alégrese el corazón de los que buscan a Jehová. Buscad a Jehová y su poder; buscad su rostro continuamente." (1Cro.16:10-11)

De día en día empecé a buscar más y más la presencia de Dios, y Él era abundante con sus bendiciones y consuelo. Los domingos eran los únicos días que se reunía toda la congregación para alabar a Dios y escuchar Su palabra. Yo esperaba ansiosa los fines de semana. A veces soñaba que llegaba tarde a las reuniones y despertaba desesperada.

"Con mi alma te he deseado en la noche, y en tanto que me dure el espíritu dentro de mi, madrugaré a buscarte; porque luego que hay juicios tuyos en

la tierra, los moradores del mundo aprenden justicia."
(Isa.26:9)

Durante la semana había grupos de oración en diferentes barrios de la ciudad. Miembros de la iglesia nos reuníamos por las madrugadas con una sola mente y un solo ánimo; orábamos por avivamiento, por la apertura de un canal de televisión cristiano, por los líderes y por cinco mil almas ganadas para fines del próximo año.

"Los leoncillos necesitan, y tienen hambre; pero los que buscan a Jehová no tendrán falta de ningún bien." (Sal.34:10)

¿Recuerdan que les compartí, que dejar de ir a bailar a las discotecas era una de las cosas que temía dejar antes de entregar mi vida a Dios? ¡Gloria al Señor! nunca extrañé las discotecas.

"Una cosa he demandado a Jehová, ésta buscaré; que esté yo en la casa de Jehová todos los días de mi vida, para contemplar la hermosura de Jehová, y para inquirir en su templo." (Sal.27:4)

Es cierto que esperaba ansiosamente los fines de semana, pero ahora era para asistir a los servicios de vigilia los viernes, para visitar a los enfermos en los hospitales los sábados, y los domingos para ir a adorar al Rey de mi vida y de toda la tierra.

"En todo os he enseñado que, trabajando así, se debe ayudar a los necesitados, y recordar las palabras del Señor Jesús, que dijo: Más bienaventurado

es dar que recibir" (Hch.20:35).

Al paso del tiempo, aproximadamente después de siete meses de haber sido bautizada en el Espíritu Santo de Dios, empecé a ir a los hospitales a testificar y orar por los enfermos. A veces me entristecía testificar a los que no estaban enfermos físicamente y ser rechazada, entonces iba a los necesitados.

"*El que da al pobre no tendrá pobreza;"* (Pro.28:27)

Aprendí que en los hospitales el evangelio es bienvenido, muy pocos son los que se resisten a escuchar el testimonio de Jesús. En la mayoría de los casos, las enfermedades producen humildad y pobreza espiritual en el hombre.

"*Lo verán los oprimidos, y se gozarán. Buscad a Dios, y vivirá vuestro corazón. Porque Jehová oye a los menesterosos, y no menosprecia a sus prisioneros."* (Sal.69:32-33)

Entonces, con el coraje que solo viene de Dios, de pié en medio de las espaciosas habitaciones del hospital General en La Paz; o en piezas más pequeñas en otros hospitales de la ciudad, empezaba a hablar de la salvación que Dios me había dado. Les decía que Jesús está dispuesto a dar vida nueva, a todos aquellos que de corazón sincero le acepten en sus vidas. Vi a muchos rendir sus vidas a Dios.

"*Y no como lo esperábamos, sino que a sí mismos se dieron primeramente al Señor, y luego a nosotros* por la voluntad de Dios;" (2Cor.8:5)

Cuando Nohelia tenía dos años empecé a llevarla conmigo a orar por los enfermos. Sabíamos por experiencia propia que por Sus llagas fuimos sanados.

"*Mas el herido fue por nuestras rebeliones, molido por nuestros pecados; el castigo de nuestra paz fue sobre Él, y por su llaga fuimos nosotros curados.*" (Isa.53:5)

Recuerdo que cierta vez Nohelia y yo fuimos al "Hospital del Niño" en La Paz. Entramos a una de las habitaciones, allí estaba una joven madre con su pequeñito de dos años de edad, recostado en una cama, dejaba escapar de su garganta un débil gemido. El niño tenía conectado a uno de sus brazos una agujilla por donde le filtraba gota a gota el suero que lo había mantenido con vida los últimos días.

Acercándonos, pregunté a la madre: "¿Quieres que ore por tu hijo?" ella con la voz entrecortada y un nudo en la garganta me contestó: "Si, por favor." Entonces puse la mano sobre la frente del niño y oré, sentí la presencia de Dios de una forma maravillosa. Luego de unos instantes, cuando terminé de orar, abrir mis ojos, y vi que el pequeño tenía los ojos cerrados, completamente quieto como muerto, ya no se quejaba. ¡Oh, vaya susto! Pensé que el niño se había muerto. Pero después de unos largos instantes de suspenso, el niño abrió los ojos. Sus ojitos ya no reflejaban dolor ni enfermedad, y el semblante en su rostro cambió. ¡Aleluya!. ¿Quien como Dios, que tiene nombre que da vida? ¡Jesús es Su nombre!

Algunos varones de nuestra iglesia empezaron a ir con nosotras para visitar a los enfermos y también empezamos a visitar las cárceles, donde en una oportunidad doce almas rindieron sus vidas a Jesús, después de dar un corto mensaje en uno de los patios de la cárcel de San Pedro en La Paz.

En los hospitales, algunos enfermos llegaron a conocernos y esperaban los fines de semana para recibir la Palabra de Dios y cantar alabanzas. Una vez en el Hospital General una joven, nos vio entrar a su habitación y dijo: "Hoy estuve pidiendo a Dios que mande a alguien que me hable de Él." Y anegada en llanto, aceptó a Jesús, como Rey y Salvador de su vida.

Cierta vez, en el Hospital Militar, había un soldado tendido en su lecho. Tenía los brazos, el cuello, y la cara cubiertos con grandes ampollas. Todas estas áreas de su cuerpo estaban hinchadas. Una garrafa de gas que explotó cerca de donde él estaba, le causó estas quemaduras. En su habitación estaban unos familiares suyos visitándole, a los cuales pregunté: "¿Quienes de ustedes creen que Jesús lo puede sanar?" Algunos dijeron que sí creían, y otros callaron, entonces les dije: "Los que no creen, por favor dejen la habitación." Así lo hicieron. Empezamos a orar y lágrimas de arrepentimiento empezaron a brotar de los ojos de aquel joven soldado, mientras el repetía una oración de fe. Ese día aceptó a Jesús como su Salvador y Rey de su vida. Seguidamente pedimos a Dios en el nombre de Jesús, que sane las quemaduras del joven.

Una semana más tarde, durante nuestra visita al Hospital Militar, entramos a la habitación de Trifonio. Éste era un joven soldado, que había quedado paralizado después de sufrir un accidente. Trifonio llevaba cerca de dos años en el hospital, a él visitábamos con frecuencia. Como de costumbre, empezamos a cantar alabanzas a Dios mientras uno de los varones de la iglesia tocaba la guitarra. Después de unos pocos minutos, alguien asomó la cabeza a la puerta de la habitación. Era aquel joven por quien habíamos orado la semana anterior pidiéndole al Señor que sane sus quemaduras, y quién había rendido su vida a Dios. Aquel joven de pié, con una Biblia en sus manos, se unió a nosotros en la alabanza a Dios. En su rostro no había huellas de quemaduras, solo su cuello mostraba ligeras marcas que desaparecerían con el tiempo. Por la gracia de Dios, he podido ver manifestada Su fidelidad.

No pienses que los actos de amor que has hecho, por la manifestación de la misericordia de Dios operando en tu vida, han sido borrados u olvidados. No es así, todo esta registrado en los lugares celestiales. Nuestro testimonio, es semilla que lleva vida en si. Debemos recordar siempre que la semilla esta en el fruto. Los frutos de amor que alcanzan los corazones de nuestros semejantes, son los que llevan la semilla del evangelio del amor de Dios. Nuestro testimonio es semilla que al paso del tiempo dará fruto.

Muchas veces testificamos, y parece que nada hemos logrado, porque no vemos resultados inmediatos. Sin embargo, a pesar de carecer de los resultados que esperamos, hemos plantado una semillita de amor, o tal vez hemos regado la semilla que algún otro sembró delante de nosotros. Si llevamos la semilla del fruto del amor en nuestros corazones, el resultado de nuestros hechos será siempre la manifestación del amor de Dios. Por lo tanto, no tratemos de imitar a otros; más bien hagamos aquello que nos ha sido encomendado hacer; compartir con aquellos que necesitan lo que tu eres en Cristo.

Recientemente leí sobre los actos misericordiosos de Madre Teresa, y oré a Dios; "Señor, como me gustaría hacer algo así por el mundo necesitado." Al día siguiente, mi hijo Philip me dijo: "Mami, ¿Podrías comprarme un par de zapatos deportivos? Los últimos que me compraste tiene un hueco." Inmediatamente recordé la oración que había hecho el día anterior. Aprendí que hay una misión para cada uno. Lo mejor que podemos hacer es ocuparnos con ahínco, en aquello designado para cada uno de nosotros, y hacerlo de la mejor manera posible. La Biblia dice que todos somos diferentes partes de un solo cuerpo. No debemos minimizar el trabajo de ninguno, sino encontrarlo necesario para el Reino de Dios.

CAPÍTULO VI

¿QUE SOMOS: CIZAÑA O TRIGO?

Es cierto que en el campo espiritual o en los lugares celestiales, el hombre puede sembrar buenas semillas que luego serán plantas o árboles hermosos que darán sombra y buenos frutos. El hombre también puede sembrar semillas que produzcan plantas, ó árboles que su sombra no sea de reposo, y su fruto malo, amargo, venenoso, que traerán, lazos y cárceles; destrucción y muerte. El hombre en su ceguera espiritual, puede sembrar malas semillas; muchas veces estas semillas son sembradas en las vidas de los seres que él más ama; esto se da porque generalmente el hombre comparte su vida con su familia, los seres más allegados a él. Estas semillas también pueden ser sembradas en personas con las cuales el hombre tiene contactos diarios u ocasionales.

> "*Mas yo os digo que de toda palabra ociosa que hablen los hombres, de ella darán cuenta en el día del juicio. Porque por tus palabras serás justificado, y por tus palabras serás condenado.*"
> (Mat. 12:36-37)

Las palabras son un instrumento poderoso al alcance del hombre. El hombre elige construir, derrumbar o mantener sueños, deseos y realidades todos los días de su vida. Existe poder en la palabra hablada; o en la palabra no hablada como dijo una amiga; aún va más allá, por que el Señor conoce los pensamientos y las intenciones del corazón. En cierta oportunidad, escuché a un pastor decir durante su mensaje "No es pecado un pensamiento malo, este pensamiento se convierte en pecado, cuando el hombre empieza a jugar con ese pensamiento en la carnalidad de su mente, en vez de rechazarlo inmediatamente."

Es triste escuchar el lenguaje descuidado de algunos cristianos, algunos se maldicen a si mismos; algunos se atan, otros se condenan a sí mismos dejándose sin esperanza. Es común escuchar a algunos cristianos decir "Me muero de miedo." Algunos se enorgullecen de cuanto les gusta cierto tipo de alimentos, deciden que por nada dejarían de comerlos; aunque esto signifique tener problemas de salud: colesterol elevado, sobrepeso, diabetes, ó problemas cardiacos. Otra forma de expresión común entre muchos cristianos es haciendo prevalecer los deseos carnales, proclamando la imposibilidad de vencer apetitos de la carne. Algunos dicen: Dios no me escucha, no tengo tiempo de orar, no puedo ayunar. Otros no se avergüenzan de decir: Soy desordenado y perezoso, no me gusta cocinar; me gusta ir de compras aunque no tenga necesidad. Algunos hablan de de sus ruinas como si no hubiera esperanza en Jesucristo. Otros proclaman su derrota como si no hubiera victoria en Cristo. Los cristianos deben desechar las palabras ociosas y aprender la Palabra de Dios para vivir por ella.

"*A ntes, en todas estas cosas somos más que vencedores por medio de aquel que nos amó*" (*Rom.8:37*)

Todo aquel que se llama creyente, debe hacer un análisis cuidadoso de todas las cosas que conllevan el ser creyente. El creer que Jesús existe, no es suficiente. El creer en Jesús, es nada más el principio de su reino cuajado de riquezas. Debemos creerle a Jesús, para esto es necesario saber lo que Jesús es en nosotros, lo que Él es por causa de nosotros, y lo que Él es para nosotros.

Jesús es en mí: Paz, amor, fuerza, esperanza, vida, gloria, gozo, justicia. **Jesús es por mi causa**: El Cristo, El Mesías, Salvador, Juez, Abogado, Redentor. **Jesús es para mí**: Señor, Rey, Padre Eterno, Príncipe de Paz, Emanuel = Dios con nosotros, Hermano, Compañero, Esposo, Amigo, Consejero, Escondedero. Finalmente Él es El Gran Yo Soy.

"*E s, pues, la fe la certeza de lo que se espera, la convicción de lo que no se ve. Porque por ella alcanzaron buen testimonio los antiguos. Por la fe entendemos haber sido constituido el universo por la palabra de Dios, de modo que lo que se ve fue hecho de lo que no se veía.*" (*Heb.11:1-3*)

Entonces el primer paso es esperar algo y tener la certeza que lo obtendremos. Esto quiere decir tener una visión de lo que se desea. El segundo paso, es tener convicción[1] de lo que esperamos ver. Tercero, el creyente debe hablar palabras de fe, proclamando victoria en el nombre de Jesús, en vez de condenarse a si mismo. Demostrando fe, el creyente se beneficia a si mismo, a sus familiares y con quienes se relaciona. Sabemos que los deseos de la carne son contra el Espíritu y los del Espíritu son contra la carne.

"*Porque el deseo de la carne es contra el Espíritu, y el del Espíritu es contra la carne; y éstos se oponen entre si, para que no hagáis lo que quisiereis.*"
(*Gal.*5:17)

Al principio del año 1995, una amiga, miembro de la congregación, quien tenía sobrepeso vino a mi con gran entusiasmo y certeza para decirme, "Voy a bajar de peso, yo soy el templo del Espíritu de Dios, y como tal, debo darle honor." También me dio cuenta de las libras que ya había perdido. Después de algunas semanas le pregunté como iba con su dieta. Para entonces, ella había perdido el deseo de adelgazar, el enemigo se lo quitó. Su visión de honrar a Dios con su apariencia física, fue borrada. Su expresión era opaca, y sus palabras sin esperanza. Me dijo que no perseveraría con la dieta. En otras palabras, el dar gloria a Dios ya no era su prioridad. Cuando se hace una confesión de este tipo, es decir cuando uno decide dar un paso de fe para gloria de Dios, se debe esperar oposición. El enemigo de nuestras almas no quiere que se le dé gloria al Señor.

En otra oportunidad, ese mismo año, escuché decir a un joven predicador, lleno de fe. "Voy a pararme en la Palabra de Dios." Puso la Biblia en el piso y se paró sobre ella. Pocos días más tarde, la opo-

---

1   V. Convencer. L. Con-vincere: Con=intenso y vincere=conquistar, 1.vencer, dominar. 2. Vencer la duda.

sición a su confesión se levantó en contra del conocimiento de Dios. Mientras él jugaba con uno de sus hermanos, dio un movimiento brusco y cayo, quedando paralizado de la cintura para abajo. Fue llevado al hospital donde permaneció por aproximadamente tres semanas sin sensibilidad ni movimiento en sus piernas. Había un grupo numeroso de hermanos que oraba por su pronta recuperación. Por supuesto, él joven predicador no perdió su visión. Un día empezó a mover las piernas y a caminar, a través de la fe en Dios.

En vez de declarar victoria para el enemigo de nuestras almas, el creyente debe declarar victoria en Jesucristo. El debe contender por la visión que tiene y que espera ver a través del poder creador de Dios. Nuevamente, el primer paso es tener visión de lo que se desea; segundo tener la certeza de lo que se espera; tercero hablar palabras positivas de fe. Sin embargo, el hablar positivamente no es suficiente, aunque el mundo secular usa esta estrategia de pensar y hablar positivamente, y obtiene algunos resultados que lo beneficia. No obstante, las palabras del creyente deben ser creando, sin perder ni dejar quitarse la visión. Las palabras habladas del creyente deben lleva en si, sustancia creadora.

Existen tres ingredientes que deben formar parte de esta sustancia creadora: La Palabra de Dios, La Oración y el Ayuno. Sin estos tres ingredientes fundamentales, no se verá lo que esperamos. La palabra de Dios nos alimenta genuinamente para no caer en error y nos da fe.

> " *Fe viene por el oír y el oír por la Palabra de Dios"*
> (Rom.10:17)

La oración amansa y humilla el espíritu del hombre.

> "*Si se humillare mi pueblo, sobre el cual mi nombre es invocado, y oraren, y buscaren mi rostro, y se convirtieren de sus malos caminos; entonces yo oiré desde los cielos, y perdonaré sus pecados, y sanaré su tierra.*" (2Cro. 7:14)

Finalmente, el ayuno somete la naturaleza carnal del hombre para obedecer al Espíritu de Dios. Cuando estos tres ingredientes están operando en la vida del creyente, es posible empezar a ver el poder creador de Dios. Incontables son los testimonios del poder creador de Dios en mi vida.

> "*Por tanto, os digo que todo lo que pidiereis orando, creed que lo recibiréis, y os vendrá. Y cuando estéis orando, perdonad, si tenéis algo contra alguno, para que también vuestro Padre que está en los cielos os perdone a vosotros vuestras ofensas.*" (Mar.11:24-25)

Si logramos entender que Dios, sigue siendo Dios aún cuando las cosas no andan bien. Que Él sigue siendo Dios cuando se recibe un reporte de salud malo de la oficina del doctor; cuando tus hijos no te obedecen; cuando no pasas un examen; cuando tus amigos te dan la espalda; cuando piensas que el divorcio es la única salida; o en circunstancias pequeñas como cuando el carro deja de funcionar en medio de una calle ocupada, cuando tu esposo no saca la basura; cuando los pañales del pequeñito necesitan ser cambiados justo en el momento de la cena; o tu nuevo traje se mancha en la lavandería, y cuantas otras situaciones en que la frustración nubla nuestra visión. Pero a pesar de todo, Dios sigue siendo Dios. Las frustraciones son como nubes que se llevan la luz del sol. Sin embargo el sol continúa allí, dando su luz y su calor. Lo veremos brillar nuevamente cuando las nubes se vayan y la tormenta pase. El creyente debe identificar estos momentos de frustración como oportunidades para activar su fe. El primer paso es dar gracias a Dios, el segundo recordar la visión, y el tercero poner los ojos en las promesas de Su Palabra. La Palabra de Dios dice:

"... Pero la esperanza que se ve, no es esperanza; porque lo que alguno ve, ¿a que esperarlo?" Pero si esperamos lo que no vemos, con paciencia lo aguardamos." (Rom.8:24-25)

En julio de 1996, mis tres hijos estaban teniendo un argumento, y se gritaban el uno al otro, yo los podía escuchar desde la cocina, así que sin moverme, cerré mi ojos, y le dije a Dios: "Como me gustaría verlos sentados leyendo algún libro." Con lo ojos cerrados me imaginé lo que esperaba ver. Después de solo unos pocos segundos ellos estaban sentados en la sala, leyendo un libro. ¡Gloria a Dios!

El 4 de enero de 1995, al rededor de las tres de la tarde, estaba jugando con Philip mi hijo, quien tenía un poco mas de dos años de edad. Carolena era una bebé y acababa de comer, estábamos en mi cama. Empecé a hacer cosquillas a Philip, quien hizo rodar su cuerpito con violencia y cayo de la cama, dando su cabeza contra una de las esquinas de la mesa de noche. Cuando vi la violencia con la que cayó, y el sonido que hizo su cabeza al dar contra la mesa de noche, supe que verdaderamente se había lastimado. Al tiempo de dar un grito de pánico, me puse de pié y levanté a mi hijo. Él ya tenía sangre en su cabeza. En ese momento muchos pensamientos vinieron a mi mente. El primero fue llevarlo al hospital, porque estaba sangrando demasiado. Luego me dí cuenta que Nohelia estaba por arribar de la escuela en pocos minutos, necesitaba alistarme y también a Carolena, pero primero debía llamar a la ambulancia.

Todo eso pensé, mientras levantaba a mi hijo del suelo y lo llevaba al cuarto de baño. Sin saber que hacer, abrí el grifo del lavamanos y al tomar agua con mi mano derecha, pensé en Dios. Puse el agua sobre el área que sangraba y sin levantar la mano, empecé a clamar a mi Señor. Con gritos de desesperación le rogaba a Dios que sane a mi hijo, al mismo tiempo le recordaba al Señor todas sus promesas que pude enumerar. Muchas fueron mis palabras en una oración desesperada, finalmente le alabé.

Después de unos momentos levanté mi mano, y me dí cuenta que mi mano estaba completamente limpia, miré la cabeza de mi hijo y esta no tenía sangre, solo estaba mojada por el agua que le había puesto. Lo acerque a la ventana para verificar lo que mis ojos estaban viendo, y no había sangre. Dí un grito de gozo, y le dije a mi pequeño hijo, "¡Es un milagro, Dios ha hecho un milagro!" "¡Hijo no hay sangre Dios te sanó, no hay, la sangre ha desaparecido!" Tomé a Philipito y lo puse de pie sobre la cama, para buscar la cortadura. En efecto allí estaba la herida, un vértice de 90 grados, pero estaba completamente limpia, como sellada con una lámina transparente, no había la más mínima huella de sangre, ni en su cabeza ni en sus cabellos; sus cabellos solo estaban mojados por el agua. En su camisa había sangre y agua que escurrió, cuando le puse mi mano con agua al principio; también había sangre salpicada en la pared.

Delante de mis ojos, el más Alto y Sublime, el Dios de toda la Tierra, El Santo acababa de hacer un milagro tan maravilloso que nunca olvidaré. Vi luego que el área estaba hinchada, como de una pulgada y media de diámetro era la hinchazón. Puse mi mano nuevamente y mientras le pedí al Señor Jesús que baje la hinchazón, y que todo daño producido por el golpe en mi hijo sea restaurado, sentí que la hinchazón bajo mi mano desapareció. Pero Philip seguía llorando, entonces le pregunté si le dolía, y dijo que si, entonces pedí al Señor que le quite el dolor, aún estaba orando, cuando Philipito me dijo: "Ya no me duele mami." ¡GLORIA A DIOS!. Un gozo maravilloso invadió mi corazón, quería que todos sepan del gran poder de Dios. Cuando terminaba de orar llegó Nohelia de la escuela, y Carolena nos contemplaba desde la cama. La Palabra del Señor dice.

"*Me invocará, y yo le responderé; Con el estaré yo en la angustia; Lo libraré y le glorificaré.*"*(Sal.91:15)* Ver también (Sal.50:15).

Unos días mas tarde, pensamientos opuestos a lo que había experimentado aquel día, empezaron a atacar mi mente. El enemigo quería arrancar aquella semilla de fe, quería opacar mi visión del poder maravilloso de Dios. Tenía pensamientos negando el milagro del Señor. Voces me decían que fue el agua que hizo parar la sangre, etc. Peleé con la duda por más o menos un año. Un día, Carolena se cayó mientras entrábamos a nuestra casa. Ella tenía poco más de un año. Después de levantarla y ponerla de pie, me dijo, "Mami me siento mareada." Cuando entramos a la cocina, me dí cuenta que tenía sangre en sus cabellos. Cuando se cayó, se había hecho un corte en la cabeza, con la esquina de la pared. Abrí el grifo y tomando agua con mi mano derecha, puse mi mano sobre su cabeza, y empecé a orar, una oración similar a la que oré con Philip unos meses atrás, pero la sangre no desapareció, ni la cortadura se cerró. En ese momento la llevé al hospital porque el sangrado no paraba y la cortadura necesitaba atención. Aquel día todas las tretas del maligno para quitar la visión del poder de Dios se desvanecieron. Dios verdaderamente opero un milagro cuando Philip se hizo una herida similar, unos meses antes.

91

En 1995, mis padres estaban viviendo en Springfield, Virginia, a pocas millas de nuestra casa. Un mañana, a fines de abril, el teléfono sonó como a las 6:30 de la mañana, era mi mamá, "Hijita tu papá se cayó yendo al baño esta mañana, todo su lado izquierdo está casi paralizado, parece que fuera embolia. Ora para que Dios tenga misericordia con él y conmigo." Después de colgar oré, le rogué al Señor que disuelva todo coágulo de la sangre de mi papá. Luego le dí mi alabanza y adoración al Señor. A la media mañana papá fue llevado al hospital. En el hospital lo sometieron a diferentes exámenes para localizar los coágulos en su sangre, y empezar con tratamiento, pero no pudieron encontrar ningún coagulo. Hicieron otros exámenes para ver la condición de su corazón, pero todo estaba bien. ¡Gloria a Dios! Después de tres días, papá regreso a casa caminando. El perdió fuerza en su lado izquierdo y por eso le recomendaron terapia física. Dos meses después papá retornó a Bolivia. Allí, informó a su médico sobre la embolia que sufrió en Virginia. El doctor hizo exámenes y le dijo que era imposible que él haya sufrido embolia, "Su sangre es como la de un niño," dijo el doctor. El hospital de Fairfax en Virginia, envió los exámenes hechos allí, donde la palabra embolia nunca fue mencionada porque nunca encontraron evidencias de embolia. El Señor disolvió los coágulos de sangre de mi papá, así como se lo había pedido en oración. ¡Alabado sea el Señor!

En mayo de 1995, me sometí a un examen físico. Después de unos tres días, el 22 de mayo, recibí una llamada telefónica del consultorio medico, el doctor quería verme nuevamente, había encontrado una mancha en mi pulmón derecho y quería ver el resultado de la prueba de tuberculosis en mi brazo. Una sombra de angustia me sobrevino. El resultado de la prueba en mi brazo mostraba ser positivo también. Recomendaron tomar otra radiografía.

Al día siguiente de camino al laboratorio de rayos X, empecé a cantar desde lo profundo de mi corazón, "Santo, Santo es el Señor" dice aquella alabanza, y paz que sobrepasa todo entendimiento invadió mi corazón. Tomaron la radiografía, y mientras esperaba, hablé a mi Padre amado: "Señor, si tú quieres puedes sanarme para la honra y la gloria tuya, quita esa mancha de mi pulmón te lo ruego" le dije. Unos minutos más tarde vino la enfermera y me dijo que me vistiera. "Señora, usted no tiene nada, la mancha fue seguramente una sombra." "¿Puedo ver la primera radiografía?" Le pregunté. En efecto la mancha estaba allí como de dos centímetros de ancho y como cuatro de largo, pero en la última radiografía no había nada. Nuevamente me dijo la enfermera: "Debe haber sido producida por una sombra: "No, esto es un milagro" le dije.

> "*Invócame en el día de la angustia; te libraré, y tú me honrarás.*" *(Sal. 50:15)*

He visto a creyentes perder su visión; porque ese es el interés que el enemigo tiene en contra de la Iglesia del Señor. Duda que guía a incredulidad es el pecado que mantuvo a los hijos de Israel en el desierto después que salieron de Egipto. Muchos creyentes dejan que la opinión de otros hable más fuerte que sus propios conceptos u opiniones, y más fuerte aún que la voz de Dios. Esto puede ocurrir con relación a personas, lugares, proyectos, trabajos o aún con relación a la visión de Dios para nuestras vidas.

Recuerdo que en septiembre del año 1991, por el trabajo de mi esposo, fuimos a vivir a Italia, a una isla llamada Sardeña. Durante las primeras seis semanas, mis buenas expectativas del lugar estaban a punto de desaparecer. Recuerdo que esto era el resultado de las opiniones negativas que escuchaba de todas las personas que al paso de los días iba conociendo. Estas personas que yo empecé a conocer, de lo único que hablaban, era de todos los inconvenientes y malas circunstancias que podían enumerar en cualquier lapso de tiempo que yo les prestase oído. La mayoría eran familiares del personal militar destinado en la isla.

Una maña en oración, limpié lo que opacaba mi visión, y le pedí perdón a Dios por haber estado desagradada del lugar donde El nos había llevado. Le dije: "Señor, desde hoy día, no volveré a decir que este lugar no me gusta." Y esto no sería mentira, pues ni siquiera había dado lugar a mis ojos, para apreciar la gran bendición con que Dios nos había bendecido, llevándonos a tan maravillosa tierra.

Al día siguiente fuimos a un festival de arte y manualidades, a la escuela que asistía mi hija Nohelia, en la Magdalena, una isla vecina. Una vez allí, mi esposo me presentó a una señora Teniente de la Naval norteamericana. "Mucho gusto" le dije sonriente. Ella con una mueca en su rostro me dijo: "Mucho gusto" y al instante me hizo la pregunta de rigor: "¿Te gusta la isla?" y le contesté: "Si, es un lugar muy hermoso, nunca había vivido tan cerca del mar como ahora, nunca había navegado casi diariamente como lo hago ahora, no tenía idea del hermoso azul con que luce el mar Mediterráneo, ¡es precioso!"

A medida que yo iba hablando, ella iba abriendo sus grandes ojos azules, y casi sin poder respirar me dijo: "¿Entonces te gusta?". Le dije: "Si, y tengo planes, voy a tomar clases de pintura al óleo, y voy a costurar ropa." Enseguida toda su mente acababa de ser transformada, y replico: "Sabes, yo he vivido en esta isla por el espacio de tres años, solo me quedan tres meses más para que se cumpla el tiempo de mi destino, y lo único que he hecho todo este tiempo ha sido quejarme de este lugar." También me dijo: "Yo tejo con palillos y croché, empezaré a dar clases en el centro de la comunidad, ya que hay tres señoras que me han venido pidiendo por mucho tiempo que les enseñe."

Por la gracia de Dios se que una actitud positiva, no solo nos ayudará a nosotros mismos, más a todas las personas con las que nos relacionamos. Una actitud negativa del mismo modo influirá en nuestras vidas, y en las de aquellos con quienes nos relacionamos. Entonces, dejemos los hábitos del viejo hombre y vistámonos con los del nuevo hombre:

"Y sobre todas estas cosas vestíos de amor, que es el vínculo perfecto. Y la paz de Dios gobierne en vuestros corazones, a la que asimismo fuisteis llamados en un solo cuerpo; y sed agradecidos. La palabra de Cristo more en abundancia en vosotros, enseñándoos y exhortándoos unos a otros en toda sabiduría, cantando con gracia en vuestros corazones al Señor con salmos e himnos y cánticos espirituales." Y todo lo que hacéis, sea de palabra o de hecho, hacedlo todo en el nombre del Señor Jesús, dando gracias a Dios Padre por medio de él." (Col. 3:14-17)

Desde aquel día que decidí agradecer a Dios, disfruté todos y cada uno de los días en La Sardeña y la Magdalena, dos islas preciosas en el Mar Mediterráneo. Aguas cuajadas de un intenso azul. Agraciadas olas que dan con ímpetu contra las inmensas rocas moldeadas por las manos del viento. La matutina luz del Sol, cubre las aguas de diamantes perfectamente cortados, estos destellan al movimiento de las aguas, las que se mecen como sábanas sacudidas por una suave brisa. El paisaje es espectacular, sobre el azul intenso del mar Mediterráneo.

Si aprendemos a apreciar lo que Dios nos ha dado, no nos quedará tiempo para sentir pena de nosotros mismos, sino que nos alegraremos y le bendeciremos con corazones agradecidos

Semanas más tarde después de haber llegado a la Sardeña, en noviembre de 1991, conocí a Lissette Martinez quien me enseñaría a pintar al óleo. A través de Lissette conocí a Yoeli quien se convirtió en mi mejor amiga. En marzo de 1992, Yoeli y yo empezamos a tomar clases de pintura por el espacio de cuatro meses. Lissette, nuestra instructora se fue a otro destino, pero yo continué pintando, y descubriendo el mundo de los óleos. Dos semanas antes de nuestra partida de Italia hacia los Estados Unidos, en mayo de 1993, tuve mi primera exposición de pinturas en la Magdalena. Por la gracia de Dios la exposición fue todo un éxito.

En ese lapso de tiempo que vivimos en Italia, muchas cosas hermosas acontecieron en nuestras vidas. Una de ellas fue la llegada de nuestro segundo hijo Philip Andrew, el 2 de octubre de 1992, en Nápoles. Algo muy peculiar que no olvidaremos, era ver y escuchar a Nohelita hablar español, ingles e italiano solo unos meses más tarde de nuestro arribo en Italia. Eso no era todo, también interpretaba a los que no entendían uno de los tres idiomas. ¡Gloria a Dios! Conocimos mucha gente con quienes compartimos nuestra fe y algunos creyeron.

En el hombre está la habilidad de ser cizañas o ser trigo. Es cierto que la cizaña crecerá con el trigo. Sin embargo, cuando ambos sean arrancados, uno será cegado para ser guardado en los graneros y el otro cotado y echado al fuego. Así que mientras hay tiempo, revisemos nuestras vidas antes que sea demasiado tarde. Con el poder creador que existe en las palabras habladas del creyente, construyamos y no derrumbemos. Mantengamos un mundo mejor donde Dios sea glorificado.

"... *El reino de los cielos es semejante a un hombre que sembró buena semilla en su campo; pero mientras dormían los hombres, vino su enemigo y sembró cizañas entre el trigo, y se fue. Y cuando salió la hierba y dio fruto, entonces apareció también la cizaña. Vinieron entonces los siervos del padre de fami-*

lia y le dijeron: Señor, ¿no sembraste buena semilla en tu campo? ¿De dónde, pues, tiene cizaña? El les dijo: Un enemigo ha hecho esto. Y los siervos le dijeron: ¿Quieres, pues, que vayamos y la arranquemos? El dijo: No, no sea que al arrancar la cizaña arranquéis también con ella el trigo. Dejad crecer juntamente lo uno y lo otro hasta la siega; y al tiempo de la siega yo diré a los segadores; Recoged primero la cizaña, y atadla en manojos para quemarla; pero recoged el trigo en mi granero." (Mat.13:24-30)

CAPÍTULO VII

EL EJÉRCITO DE DIOS

En lo eterno, en lo invisible, se desarrollan luchas espirituales que mostrarán su evidencia en lo físico. Si reconocemos los lugares celestiales como campos de batalla, será necesario equipar al creyente de armas que sean efectivas y eficaces en estos campos de batalla. El creyente tiene un enemigo declarado, este es el diablo, el príncipe de la potestad del aire[1].

Así como las naciones equipan sus fuerzas armadas. De la misma forma Dios ha equipado a su pueblo para luchar contra el enemigo de sus almas. La gente se enlista voluntariamente para servir a su patria como miembros de las fuerzas armadas de su nación. Una vez enlistados estos individuos son puestos a prueba a través

---

1   "En los cuales anduvisteis en otro tiempo, siguiendo la corriente de este mundo, conforme al príncipe de la potestad del aire, el espíritu que ahora opera en los hijos de desobediencia," (Efe.2:2)

de muchos exámenes físicos e intelectuales. Basados en los resultados de las pruebas y exámenes, el soldado es asignado a áreas donde puede desempeñar exitosamente sus labores para realzar su unidad. Sin importar el campo de su especialidad, el soldado postulante debe pasar primero por un entrenamiento preliminar. Durante este entrenamiento, el carácter del soldado es rigurosamente puesto a prueba. Este entrenamiento va a determinar si el soldado será capaz de soportar los requerimientos básicos de la guerra o no.

A los soldados de las naciones se les provee uniformes, armas, entrenamiento, municiones, y herramientas, de ésta manera se asegura que cumplan sus misiones satisfactoriamente. De la misma forma ocurre con los soldados del Ejército de Dios. Dios les provee un uniforme, herramientas, municiones, armas, y todo el equipo necesario para cumplir satisfactoriamente su misión que El les ha dado, el ganar almas para Cristo[1] del territorio enemigo. Primero, El ha dado a su gente, aquellos que voluntariamente aceptan Su invitación para ser parte de Su Ejército, un uniforme sin mancha ni arruga.

> *"Venid luego, dice Jehová, y estemos a cuenta: si vuestros pecados fueren como la grana, como la nieve serán emblanquecidos, si fueren rojos como el carmesí, vendrán a ser como blanca lana."(Isa.1:18)*

Al igual que los soldados de las naciones, el creyente es puesto a prueba a través de un riguroso entrenamiento al principio de su carrera. Delante de ellos se extiende un desierto de pruebas y aflic-

---

1   "Por tanto, id, y haced discípulos a todas las naciones, bautizándolos en el nombre del Padre, y del Hijo, y del Espíritu Santo." (Mat.28:19)

ciones, su fe es puesta al fuego, muchos salen victoriosos al final de la prueba, pero muchos vuelven atrás abandonando la milicia celestial. El hombre se acerca a Dios voluntariamente y de acuerdo a sus dones servirá en la Iglesia de Jesucristo.

El Señor como Comandante en Jefe del Ejército de Dios, ha equipado a sus guerreros con toda la armadura de Dios, y un arsenal repleto de municiones y armamento, todo lo necesario para vencer al enemigo de nuestras almas. La Biblia es ese arsenal repleto del Gran Yo Soy. Cualquiera sea tu necesidad, El es el Yo Soy quien suplirá y proveerá.

"*Por tanto, tomad toda la armadura de Dios, para que podáis resistir en el día malo, y habiendo acabado todo, estar firmes. Estad pues firmes, ceñidos vuestros lomos con la verdad, y vestidos con la coraza de justicia, y calzados los pies con el apresto del evangelio de la paz. Sobre todo, tomad el escudo de la fe, para que podáis apagar todos los dardos de fuego del maligno. Y tomad el yelmo de la salvación, y la espada del Espíritu, que es la palabra de Dios; orando en todo tiempo con toda oración y suplica en el Espíritu, y velando en ello con toda perseverancia y súplica por todos los santos;*" (Efe.6:13-18)*

Hay dos formas en las cuales el creyente puede involucrarse para combatir el campo del enemigo. Una es en oraciones personales, comunión del individuo con Dios. La otra es unido en oración con otros creyentes, estas son llamadas reuniones de oración. Las reuniones de oración, son la estrategia[1] para combatir el campo del enemigo. Cuando todos oran con una sola mente y en un solo espíritu, la avanzada en el campo del enemigo será siempre victoriosa.

Es pues necesario, que cuando el pueblo de Dios se reúne para orar, todos estén unánimes en una sola mente y en un solo espíritu. El acercarse al trono de gracia debe ser con alabanzas, adoración, con acciones de gracias, con ruegos y súplicas, esto despejará no solo la mente y los corazones de los presentes, sino que también las regiones celestes serán campo accesible. La unidad[2] de mente y espíritu, hará el punto de ataque más visible para atacar sin distracciones.

> *"Os ruego, pues, hermanos, por el nombre de nuestro Señor Jesucristo, que habléis todos una misma cosa, y que no haya entre vosotros divisiones, sino que estéis perfectamente unidos en una misma mente y en un mismo parecer" (1Cor.1:10).*

Previo a la oración de grupo, todos deben entrar en común acuerdo sobre los temas por los cuales orar. Es bueno escribir los temas de oración en un lugar visible a todos. También es importante que alguien guíe la oración y que los demás apoyen dando a conocer su acuerdo al orar. Cuando los hermanos apoyan al que guía con ruegos y súplicas se logra común acuerdo, Dios nos garantiza en su Palabra, que donde dos o más se reúnen en su nombre y se ponen de

---

1   ESTRATEGIA: Arte de dirigir las operaciones militares. (Sinon. Táctica, maniobra.) Fig. Habilidad para dirigir un asunto: La estrategia política (Sinon. Destreza)
2   "Cuando llegó el día de Pentecostés, estaban todos unánimes juntos" (Hch.2:1)

acuerdo en cualquier cosa Dios escucha y contesta la oración[1].
La Palabra nos sugiere un modelo de oración. Primero debemos reconocer quien es Dios, con exaltaciones y alabanzas, esto es engrandecer a Dios en nuestra mente, así entenderemos que Dios es capaz de hacer cualquier cosa. Debemos orar primero por todos los hombres como lo sugiere la Palabra de Dios, por los gobernantes y todos los que están en eminencia, para que así tengamos libertad en la promulgación del Evangelio de Jesucristo.

"*Exhorto ante todo, a que se hagan rogativas, oraciones, peticiones y acciones de gracias, por todos los hombres; Por los reyes y por todos los que están en eminencia, para que vivamos quieta y reposadamente en toda piedad y honestidad.*" (1 Tim.2:1-2)

Se debe orar por los que sufren con diversas enfermedades físicas. Por los pobres para que Dios de sustento y abrigo. Por los espiritualmente presos para que Dios abra las rejas que los encarcelan, y rompa las cadenas que los atan a diferentes vicios o delitos. El ser específicos en la oración es muy importante, mencionando a los ladrones, los drogadictos, los homosexuales, los sensuales, homicidas, matricidas, parricidas, prostitutas, borrachos, fumadores, hechiceros, fornicarios, adúlteros, mentirosos, engañadores, blasfemos, etc. Esto es de vital importancia, porque estamos mencionando los espíritus de demonios que los poseen ú oprimen, y así podemos proclamar libertad de sus almas por la Palabra de Dios y por el poder del Espíritu Santo, reprendiendo, echando fuera ó atando los

---

1   "Otra vez os digo, que si dos de vosotros se pusieren de acuerdo en la tierra acerca de cualquier cosa que pidieren, les será hecho por mi Padre que está en los cielos. Porque donde están dos o tres congregados en mi nombre, allí estoy yo en medio de ellos. (Mat.18:19-20)

espíritus inmundos en el nombre de Jesús.

El tomar autoridad sobre áreas físicas es esencial, se debe reprender y echar fuera fortalezas demoníacas que gobiernan ciudades, estados, o países. Muchas veces instituciones o negocios se plagan de huestes satánicas que controlan el funcionamiento de los mismos. Cuando soldados del ejército de Dios toman autoridad sobre dichos lugares o instituciones se despejan los lugares celestiales. Inmediatamente, después de despejar dichos lugares se deben designar ángeles ministradores del Espíritu de Dios, cuando esto ocurre, los creyentes tienen libertad para testificar con denuedo el Evangelio de Salvación. Las puertas espirituales de estos lugares, son abiertas por el poder del Espíritu Santo, y ángeles de Dios los acampan.

"... *Esto dice el Santo, el Verdadero, el que tiene la llave de David, el que abre y ninguno cierra, y cierra y ninguno abre.*" *(Apo.3:7)*

Cuando el pueblo de Dios toma autoridad a través de la oración, la gente se torna sensible a la predicación del evangelio, y reciben con agrado el testimonio de Jesucristo. La oración produce terreno fértil en los corazones de las gentes, es decir que cuando la semilla de la Palabra de Dios cae en sus corazones, echará raíces, retoña, y en su tiempo dará frutos de justicia.

Del mismo modo, se debe orar por instituciones religiosas, para que la santidad de Dios sea reflejada en los corazones de los creyentes, pues sin santidad nadie verá a Dios. La iglesia también debe orar por nuevos creyentes, y prepararse para enseñar la Palabra de Dios a aquellos que aún no se ve, pero en fe se los bendice y espera.

El ejército de Dios siempre debe ofrecer acciones de gracias en el nombre de Jesús. De esta manera, hemos avanzado en el campo del enemigo. Ojo, la iglesia necesita cuidar del territorio ganado. La forma de hacerlo es manteniéndose vigilantes, cuando se da la debida protección, el enemigo no podrá retornar a esos lugares, pues el vigilante lo detectará y lo echará fuera en el nombre de Jesús.

¿Sabía usted que la preparación del terreno para sembrar la semilla es la parte más dura que experimentan los labradores? Bueno, la oración es tipo del proceso de arar la tierra para ser sembrada, la semilla es la Palabra de Dios, el terreno que se ara, son los corazones de los hombres. La oración prepara el terreno de los corazones, para que la Palabra de Dios sea sembrada. Durante este proceso, no se pueden ver los frutos, es decir que la oración es un acto de fe, un acto de incubación.

Cuando un conquistador va a conquistar tierras o naciones, generalmente sabe lo que quiere conquistar, algunos diseñan la porción de territorio que desean poseer. En el mundo espiritual debemos proclamar los lugares de nuestra avanzada, para que la posterior siembra de la Palabra de Dios sea prosperada. El creyente no debe avergonzarse de llamar a los lugares por sus nombres, y proclamarles libertad en el nombre de Jesús. El creyente debe adueñarse espiritualmente de estos lugares. El creyente debe ser constante, hasta ver estos lugares sueltos de opresión y de cadenas.

> "*El que ara para sembrar, ¿Arará todo el día?*
> *¿Romperá y quebrará los terrones de la tierra?*"
> (Isa.28:24)

Es con oración que se rompe lo terrenal del hombre. Veamos que es lo que se logra cuando se ara un terreno: el arado trae sobre la superficie lo que está dentro, es decir que lo oculto queda al descubierto. En lo espiritual, a través de oraciones de intercesión, el hombre natural puede tener la oportunidad de ver la condición de su alma, y buscar a Dios para su socorro propicio.

Pocos días atrás noté a una amiga apesadumbrada, después de dos semanas finalmente le dije que había notado su preocupación;

"...He aquí, el sembrador salió a sembrar. Y mientras sembraba, parte de la semilla cayó junto al camino; y vinieron las aves y la comieron. Parte cayó en pedregales, donde no había mucha tierra; y brotó pronto, porque no tenía profundidad de tierra; pero salido el sol, se quemó, y porque no tenía raíz, se secó. Y parte cayó entre espinos; y los espinos crecieron, y la ahogaron. Pero parte cayó en buena tierra, y dio fruto, cuál a ciento, cuál a sesenta, y cuál a treinta por uno. El que tiene oídos para oír, oiga." (Mat.13: 3-9)

sin darme mucho detalle me dijo que su hija estaba pasando por tribulaciones de divorcio y que no quería aceptar ayuda de nadie. "No sabemos que hacer con mi esposo para ayudarla" me dijo. Le dije: "Dame tus manos y oremos. La Biblia dice que donde dos o más se reúnen en el nombre de Jesús, él está allí." Oramos, y en acuerdo, soltamos de opresión y tormento a su hija. Reprendimos demonios y toda cosa inmunda que la agobiaban por más de diez años. Agradecimos y exaltamos a Dios. Cuatro días después vi a mi amiga. Y me dijo: "oramos el jueves, mi hija llamo el viernes totalmente cambiada, su actitud es positiva y alegre." Es de esto que estamos hablando; la iglesia de Cristo tiene algo que el mundo desesperadamente necesita. Sin embargo, algunos creyentes ni siquiera saben que poseen aquella bendición, por eso se apoyan en las cosas que el mundo ofrece.

En el libro de Mateo, capítulo 13, encontramos la parábola del sembrador. En éste pasaje vemos la importancia del terreno del corazón para hacer que la siembra de la Palabra de Dios sea exitosa. Cuando el terreno del corazón está preparado, el sembrador echará la semilla, y ésta no caerá al lado del camino, o sobre las piedras o entre los espinos, como dice la parábola; sino que por la oración la semilla caerá en terreno suave y fértil, sobre corazones dispuestos a aceptar a Cristo, cuando crezca tendrá raíces profundas y dará buen fruto.

> "*Cuando ha igualado su superficie, ¿no derrama el eneldo, siembra el comino, pone el trigo en hileras, y la cebada en el lugar señalado, y la avena en su borde apropiado? Porque su Dios le instruye, y le enseña lo recto*" (Isa.28:25-26)

Vemos pues que no se trata solo de ganar terreno al enemigo, más a este terreno ganado debemos cuidarlo, protegerlo y mantenerlo. Debemos arar los campos espirituales con oraciones y ayunos, y luego sembrarlos apropiadamente con la Palabra de Dios.

> "*Porque así dice Jehová a todo varón de Judá y de Jerusalén: Arad campo para vosotros y no sembréis entre espinos.*" (Jer.4:3)

Hace ya algunos años, tal vez en el año 1980, Raquel, una de mis hermanas, compró un terreno en Santa Cruz, Bolivia. Luego que lo hubo comprado, mandó levantar una pequeña muralla alrededor del terreno. Luego de esto dejó el terreno abandonado por cuatro años aproximadamente; el terreno se lleno de hierbas al punto que no se podía ver la muralla de 50 centímetros que había construido. Al paso de los años, quizás en 1985, Santa Cruz fue invadida por grandes turbas de campesinos buscando un mejor lugar de vida en la ciudad; ésta gente se apoderaba de todo terreno, o casa que a su paso encontraban y no hubo gobierno o propietario que los eche fuera.

Entre aquellos terrenos, también se encontraba el terreno de Raquel, ella hizo todo esfuerzo posible por recuperarlo, mas no pudo. Aunque tenía los documentos que la acreditaban como propietaria, y también tenía el deseo de volver a poseerlo y construir una casa, era ya demasiado tarde; estos campesinos se defendían con todo lo que podían si alguien se acercaba para reclamar sus tierras. Inclusive hubo algunos que murieron tratando de recobrar lo que legalmente les pertenecía.

Vemos entonces, que no se trata de que solo marquemos los límites de territorios ganados de manos del enemigo; sino que estos territorios deben ser cuidados, limpiados y plantados. Se debe construir casas y habitarlas. No sea que cuando el ladrón venga encuentre estos terrenos desocupados y abandonados, y tomando control los posean nuevamente.

> "*Cuando el espíritu inmundo sale del hombre, anda por lugares secos, buscando reposo, y no lo halla. Entonces dice: Volveré a mi casa de donde salí; y cuando llega, la halla desocupada, barrida y adornada. Entonces va, y toma consigo otros siete espíritus peores que él, y entrados, moran allí; y el postrer estado de aquel hombre viene a ser peor que el primero...* (Mat. 12:43-45)

El nuevo creyente es aquella casa barrida, desocupada y adornada. Como también lo es cualquier terreno que liberamos a través de ayunos y oraciones. Es de extrema necesidad que en el nuevo creyente se siembre la Palabra de Dios. Con la Palabra de Dios, ellos podrán resistir las acechanzas del maligno y vivir espiritualmente por ella. Los terrenos ganados deben ser habitados con la Palabra de Dios, orando en el espíritu y en el entendimiento, y haciendo ayunos.

Muchos creyentes se acercan al Trono de Gracia lo suficiente para recibir un toque de Dios y quedan satisfechos. Satisfechos se levantan y se van; habiendo alcanzado alivio para sus almas, se conforman, y saciados se olvidan del mundo. Sin embargo, el creyente debe recordar de donde vino. Si él recuerda de donde lo trajo el Señor, será capaz de pararse en la trinchera del campo de batalla por el mundo perdido. Es por eso que nuestra pasión por Dios debe ser manifestada en la compasión que mostremos por las almas perdidas.

¡Es tiempo de orar ahora! ¡Es tiempo de afectar eternidad ahora! ¡Es tiempo de libertar ahora! Vamos todos juntos con una sola mente y con un solo ánimo, invadamos el terreno del enemigo, con paso firme, con el rostro dispuesto a ganar, como mirando al Invisible[1]. Ya que no estamos solos; recuerda que Él es Jehová de los ejércitos.

Hay algunos pasajes bíblicos que nos muestran el poderío de nuestro Dios en las Regiones Celestes. En el libro de Segunda Reyes, se relata como el rey sirio mandó un gran ejército contra Eliseo el profeta de Dios.

> "*Y se levantó de mañana y salió el que servía al varón de Dios, y he aquí el ejercito que tenía sitiada la ciudad, con gente de a caballo y carros. Entonces su criado le dijo: ¡Ah, señor mío! ¿Que haremos? El le dijo: No tengas miedo, porque más son los que están con nosotros que los que están con ellos. Y oró Eliseo, y dijo: Te ruego, o Jehová, que abras sus ojos para que vea. Entonces Jehová abrió los ojos del criado, y miró; y he aquí que el monte estaba lleno de gente de a caballo, y de carros de fuego alrededor de Eliseo.*"
> (2Rey.6:15-17)

---

1 "Por la fe (Moisés) dejó a Egipto, no temiendo la ira del rey; porque se sostuvo como viendo al Invisible. (Heb.11:27)

Este otro pasaje, es por el mismo estilo, solo que aquí David escucha ruido como de marcha sobre las balsameras. Este pasaje relata cuando los filisteos oyeron que David había sido ungido rey sobre Israel. Entonces los filisteos se fueron en busca de David. David salió contra ellos, y los venció. No mucho después, los filisteos nuevamente se vinieron contra David, más veamos como dice la escritura:

> "*Y los filisteos volvieron a venir, y se extendieron en el valle de Refaim. Y consultando David a Jehová, el respondió: No subas, sino rodéalos, y vendrás a ellos enfrente de las balsameras. Y cuando oigas ruido como de marcha por las copas de las balsameras, entonces te moverás; porque Jehová saldrá delante de ti a herir el campamento de los filisteos.*" (2Sam.5:22-24)

Vemos en este pasaje como Dios va delante de Su ungido y pelea por él. De la misma forma rodeó con su ejército a Eliseo su profeta. También vemos en Deuteronomio como Moisés proclama la grandeza de nuestro Dios, cuando bendice a las doce tribus de Israel:

> "*No hay como el Dios de Jesurún, quien cabalga sobre los cielos para tu ayuda, y sobre las nubes con su grandeza.*" (Deu.33:26)

Pidamos a Dios que abra nuestros ojos espirituales para ver la ayuda que viene de Él en los lugares celestiales, y así afectar eternidad.

CAPÍTULO VIII

SUBIDAS Y BAJADAS

En 1983, fui invitada por un tío y su familia para viajar con ellos a los Estados Unidos. Mi tío sería el consejero económico de la embajada Boliviana en Washington DC. Después de unos meses de vivir en el área de Washington DC, y estar estudiando el idioma inglés, un día le pregunté a mi tío: "¿Porque hay días que puedo hablar inglés con mucha fluidez que me asombra; y hay días que no puede hablar ni una simple oración?"

Él amablemente replicó: "Si Mañito[1], es así el aprendizaje de los idiomas. Algunas veces parece que no sabes nada, aunque has estado estudiando y poniendo todo tu esfuerzo en el aprendizaje. Cuando te esfuerzas por recordar palabras del vocabulario, aún cuando tu pronunciación es tosca y la gente tiene dificultad en entenderte, es precisamente entonces cuando en realidad estas

---

1   Apodo de Maria Eugenia

aprendiendo. Tu cerebro está registrando y absorbiendo todo lo que has estudiado. Una vez que pasa esta etapa de digestión, tienes gran fluidez en tu hablar. El aprendizaje es como hondas que suben y bajan. Cuando la honda está subiendo es cuando estas siendo enseñado y captando información. Sin embargo, esto tiene un límite, porque solo cierta cantidad podemos recibir a la vez. Cuando la honda empieza a bajar, estas absorbiendo toda la información que recibiste."

Años más tarde, en 1994 en una reunión de oración. El Señor usó el mismo ejemplo para ministrar al grupo de señoras reunidas para orar. El Señor guió mientras yo hablaba: "Esas etapas de subidas y bajadas que experimentan muchos cristianos, se debe a que están experimentando crecimiento espiritual. Los padres dicen a sus hijos que deben comer para crecer y ser altos, robustos y sanos. En realidad todos comemos pero solo podemos comer hasta cierto punto. No importa cuan grande sea nuestro apetito, vendrá un momento que estaremos saciados. Aunque se disfrute el sabor, vendrá el momento en que dejaremos de comer, y luego experimentaremos satisfacción.

Una vez satisfechos, no comemos por un espacio de tiempo, permitiendo que los alimentos que comimos sean digeridos. Este periodo de digestión es importante porque todos los alimentos que hemos ingerido van a las diversas áreas de nuestro cuerpo nutriéndolo. Es por eso que la elección diaria de nuestros alimentos debe ser con sabiduría. A simple vista la etapa de digestión no parece ser de importancia. La persona no experimenta hambre, alimentos no están siendo ingeridos, sino que la persona está saciada y experimenta satisfacción.

En el campo espiritual algo semejante nos ocurre. Cuando tenemos hambre por la Palabra Dios, y experimentamos deleite leyéndola, estamos siendo alimentados. En este tiempo buscamos la presencia de Dios en oración, y encontrándola nos regocijamos en Él porque el Señor nos habla, y su Espíritu se apodera del nuestro. Ansiosamente esperamos por los días de ayuno, y mientras ayunamos experimentamos su poder en nosotros. Con denuedo compartimos la Palabra de Dios mientras testificamos de Jesucristo. Imponemos manos sobre los enfermos y recuperan. Somos capaces de escuchar la voz de Dios y de discernir espíritus. Este tiempo, es tiempo de comer; de ser alimentado de todos los recursos espirituales disponibles para los hijos de Dios. En éste tiempo debemos aprovechas y tomar ventaja de todas las bendiciones espirituales. Sin duda el Señor tiene preparado un banquete para nosotros, a fin de que nuestro ser interior sea alimentado.

Durante este tiempo fácilmente somos quebrantados delante la presencia del Señor, y debajo de sus alas estamos seguros. Cuando leemos su palabra, esta viene con revelación, y la recibimos con entendimiento. No hay problema en encontrar la presencia de Dios. Nuestra fe se mueve con poder cuando oramos por liberación. Reprendemos a los demonios y ellos se van. Si alguien se ensaña contra nosotros, somos capaces de bendecirle.

¡Amados prepárense, que viene el tiempo de digestión! En ésta etapa seremos nutridos, se manifestará lo que se comió, será revelado si fue sustancioso y saludable, o si fue solo agradable al paladar pero no saludable para el cuerpo.

> *"La obra de cada uno se hará manifiesta; porque el día la declarará, pues por el fuego será revelada; y la obra de cada uno cuál sea, el fuego la probará.*
> (1Cor. 3:13)

Durante este tiempo de digestión nuestra fe será puesta a prueba. Si pasamos la prueba, nuestra fe será más firme que antes.

Nuestra relación con el Creador no dependerá de un buen sermón o del moverse del Espíritu en un servicio de adoración. Oraremos por los enfermos no porque nos sintamos llenos de fe; más porque sabemos que Dios sigue en control aún cuando no lo sentimos así. Nos levantaremos de madrugada a orar, aunque las sábanas nos digan que no.

Nosotros incentivamos a nuestros hijos a hacer buena selección de alimentos, porque sabemos que una persona bien alimentada, tiene más resistencia cuando son atacadas por diversas enfermedades. Por ejemplo, las personas que no comen alimentos que contienen vitamina C, constantemente tienen resfríos, y los cogerán por pequeños cambios de temperatura. Pero la verdad es que no tienen resistencia en su organismo para contrarrestar esos pequeños ataques.

En el sentido espiritual nos ocurre algo semejante, cuando tenemos ese apetito espiritual por las cosas de Dios, debemos comer y beber, lo mejor que podamos de la mesa de nuestro Dios. Esto no quiere decir que haya buenas y malas cosas en su mesa, más buscar un balance en nuestra alimentación espiritual es lo adecuado.

Físicamente hablando, si solo comiéramos frutas en nuestra dieta cotidiana, siendo que son muy buenas, no recibiríamos los beneficios de las carnes, vegetales, cereales, o lácteos. Por lo tanto, habrá un desequilibrio en nuestra dieta, que a la larga o a la corta se manifestará en una mala salud. Del mismo modo ocurre cuando no hacemos una selección variada en nuestra alimentación espiritual, nos veremos enfermos, derrotados, desnutridos espiritualmente.

Como cualquier otro individuo, los cristianos muchas veces hacen lo que más les gusta. Algunos alaban y se gozan en la presencia del Señor, pero se olvidan de la Palabra de Dios. Algunas veces oran y se olvidan de testificar a través de lo cual pueden encontrar alivio para si mismos, y dar refrigerio al que escucha el testimonio de

Jesucristo. El cristiano que ayuna esta generalmente en un nivel de compromiso en su relación con Dios; ésta persona seguramente tiene comunión con el Espíritu de Dios a través de la oración, leyendo la Palabra de Dios y alabando al Señor. Su apariencia declarará que es el templo del Espíritu Santo de Dios; pero si esta persona solo ayunara sin alimentar su ser interior, no disfrutara jamás de las riquezas espirituales que solo son manifestadas a través de ayunos.

Por otro lado, algunos cristianos solo miran televisión y se muestran los domingos en la iglesia; éste tipo de vida que eligen algunos creyentes, los conducirá a una debilidad espiritual que los dejara expuestos a ataques de enfermedades espirituales, llamadas pecados.

El hacer una buena selección de nuestras actividades espirituales es muy importante para nuestro crecimiento espiritual. Escuché hace unos días atrás, que una mujer joven, ha comido durante tres años quince hojas de papel cada día, no porque no tenía alimentos, sino porque eligió hacerlo así. ¿Cómo creen que es la condición física de esa persona hoy?

Hablando espiritualmente, hay muchos cristianos en este preciso momento que están desfalleciendo de hambre; su ser interior está sufriendo las consecuencias de la desnutrición, no porque no hay comida espiritual, pero porque han escogido el no alimentarse apropiadamente.

El crecimiento espiritual de un cristiano con una dieta balanceada, tendrá como resultado una persona llena del conocimiento de Aquel que lo llamó por su gloria y excelencia, y fruto del Espíritu de Dios que manifieste el carácter de Dios.

"*Como todas las cosas que pertenecen a la vida y a la piedad nos han sido dadas por su divino poder, mediante el conocimiento de aquel que nos llamó*

> *por su gloria y excelencia, por medio de las cuales nos*
> *ha dado preciosas y grandísimas promesas, para que*
> *por ellas llegaseis a ser participantes de la naturaleza*
> *divina, habiendo huido de la corrupción que hay en el*
> *mundo a causa de la concupiscencia;" (2Ped.1:3-4)*

"Entonces el reino de los cielos será semejante a diez vírgenes que tomando sus lámparas, salieron a recibir al esposo. Cinco de ellas eran prudentes y cinco insensatas. Las insensatas, tomando sus lámparas, no tomaron consigo aceite; mas las prudentes tomaron aceite en sus vasijas, juntamente con sus lámparas. Y tardándose el esposo, cabecearon todas y se durmieron. Y a la medianoche se oyó un clamor: ¡Aquí viene el esposo; salid a recibirle! Entonces todas aquellas vírgenes se levantaron, y arreglaron sus lámparas. Y las insensatas dijeron a las prudentes: Dadnos de vuestro aceite; porque nuestras lámparas se apagan. Mas las prudentes respondieron diciendo: Para que no nos falte a nosotras y a vosotras, id más bien a los que venden, y comprad para vosotras mismas. Pero mientras ellas iban a comprar, vino el esposo; y las que estaban preparadas entraron con él a las bodas; y se cerró la puerta. Después vinieron también las otras vírgenes, diciendo: ¡Señor, señor, ábrenos! Mas él, respondiendo, dijo: De cierto os digo, que no os conozco. Velad, pues, porque no sabéis el día ni la hora en que el Hijo del Hombre ha de venir. (Mat.25:1–13)

El conocimiento de Cristo nos transformará; nos enamorará de Jesús. Así como una novia que ansiosamente espera por el día de su boda, nosotros esperaremos por la venida del Señor. Seremos como las cinco vírgenes prudentes mencionadas en el capítulo 25 del libro de Mateo. Esta es una parábola como muchas que Jesús relató, con el fin de ilustrar sus enseñanzas. La parábola de las diez vírgenes que esperaban por el arribo del novio con sus lámparas encendidas, se cansaron y se durmieron porque el novio se tardaba. Lejos estaban de saber que el novio se tardaría; entonces, cuando el novio llegó, todas arreglaron sus lámparas, pero solo cinco de ellas fueron prudentes habiendo llevado consigo aceite extra. El aceite extra que llevaron las vírgenes prudentes fue lo que las hizo participar en las bodas con el esposo, éste esposo representa a la segunda venida de Jesús. Es así que los creyentes debemos estar equipados con fe, para poder atravesar circunstancias adversas. La tardanza del novio, fue una circunstancia adversa que solo aquellas equipadas con aceite fueron capaces de vencer y entraron a las bodas con el esposo.

Pedro nos anima a ser diligentes en nuestro caminar con el Señor, sobreedificando sobre nuestra fe, virtud,

> "Vosotros también, poniendo toda diligencia por esto mismo añadid a vuestra fe virtud; a la virtud, conocimiento; al conocimiento, dominio propio; al dominio propio. Paciencia; a la paciencia, piedad; a la piedad, afecto fraternal; y al afecto fraternal amor; porque si estas cosas están en vosotros, y abundan, no os dejaran estar ociosos ni sin fruto en cuanto al conocimiento de nuestro Señor Jesucristo." (2Ped.1:5-8)

Alimentos físicos para nuestro ser físico

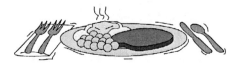

Alimentos espirituales para nuestro ser espiritual

En la etapa de digestión, algunos nos desalentamos, y empezamos a preguntarnos, si todo lo que vivimos en cierta oportunidad no era solo emoción. La Biblia dice que fue el Espíritu de Dios que guió a Jesús al desierto después de haber sido bautizado en las riberas del Jordán.[1] Jesús sería tentado por el diablo, para ser probado. Sabes, Jesús consagró todo su ser cuando fue bautizado, espíritu, alma, y cuerpo fueron rendidos a Dios.

Lo mismo ocurrió con los israelitas. Moisés los guió a través del mar Rojo[2], que representa el bautizo con el que ellos fueron consagrados a Dios. Luego Moisés los guió por el desierto donde serían probados, así como Jesús fue tentado en el desierto, los israelitas fueron puestos a prueba también. Es en tierra seca, en situaciones sin esperanza donde la consagración del creyente es puesta a prueba, muchos aprendemos a apoyarnos en Dios, y afirmamos nuestra consagración; no obstante, otros no equipados con fe, divagan y regresan a sus antiguos caminos.

Mientras se camina en el desierto, no se experimenta el poder de Dios. Sino que lo que hemos almacenado en el granero de nuestro espíritu, y sembrado en el terreno de nuestra alma será lo que nos mantendrá espiritualmente vivos. Así como la comida física es lo que necesitamos para permanecer con vida, la comida espiritual se convierte en una sustancia invisible llamada Fe. Fe es lo que nos ayuda a confiar en Dios para no caer en tentación. Jesús venció al tentador porque Él alimentó su espíritu con la Palabra de Dios, ese alimento espiritual lo mantuvo victorioso, durante el periodo de prueba Él dijo:

---

1 "Entonces Jesús fue llevado por el Espíritu al desierto, para ser tentado por el diablo." (Mat.4:1)
2 "Y tú alza tu vara, y extiende tu mano sobre el mar, y divídelo, y entren los hijos de Israel por en medio del mar, en seco." (Exo.4:16)

"... *E*scrito está: No sólo de pan vivirá el hombre, sino de toda palabra que sale de la boca de Dios." (Mat.4:4)

En el libro de Primera Reyes capítulo 20, se relatan dos batallas que se desarrollarían en el espacio de un año aproximadamente. Las batallas serían entre el rey de Siria con todo su ejercito, más 32 reyes con caballos y carros; todos ellos se unieron para atacar a Israel.

El rey de Israel era Acab. Acab no era fiel ni temeroso de Dios. En las escrituras Acab es conocido como pagano e idólatra. Sin embargo, cuando Dios vio la arrogancia del rey sirio contra su pueblo, los Israelitas, Dios mandó un profeta a Acab, y por palabra de Jehová el profeta le dijo ¿Has visto esta gran multitud? He aquí yo te la entregaré hoy en tu mano, para que conozcas que yo soy Jehová[1].

La Palabra dice que los israelitas eran solo 7.000 hombres y 232 muchachos durante la primera batalla. Durante esta batalla los israelitas subieron a los montes donde estaba acampado el enemigo, los atacaron, y mataron a muchos y persiguieron a otros. (1Rey.20:13-21) El Señor le dijo a Acab: "Fortalécete, porque el rey de Siria atacará en un año." (1Rey.20:22) Pasado el año, los sirios se alistaron nuevamente para atacar a Israel diciendo: "Los dioses de los israelitas son dioses de los montes, por eso nos han vencido cuando peleamos con ellos en las cumbres de los montes; mas si peleáramos con ellos en la llanura, se verá si no los vencemos" (1Rey.20:23-26). Entonces dijo Dios por boca del profeta, a Acab rey de Israel: "Por cuanto los sirios han dicho: "Jehová es Dios de los montes, y no Dios de los valles, yo entregaré toda esta gran multitud en tu mano, para que conozcáis que yo soy Jehová." (1Rey.20:28)

---

[1] "Y he aquí un profeta vino a Acab rey de Israel, y le dijo: Así ha dicho Jehová: ¿Has visto esta gran multitud? He aquí yo te la entregaré hoy en tu mano, para que conozcas que yo soy Jehová" (1Rey. 20:13)

El Señor está muy interesado en hacernos conocer su gran poder, para que aprendamos a confiar en Él y aprendamos el temor de Dios. En ambas batallas vemos que los israelitas eran superados en número por el enemigo, pero vencieron por la intervención divina. En esta historia aprendemos que en el valle la matanza del enemigo fue más grande que la que se hizo en las montañas. Esto nos deja saber que el Señor es Dios en los picos de las montañas y en las planicies de los valles. Sin embargo, mayor poder de Dios veremos manifestarse en los valles, porque dejamos de un lado nuestras habilidades, fuerza y suficiencia, y ponemos todo nuestro reposo en Dios.

Nuestra vida espiritual es una guerra constante, compuesta de batallas, peleas, encuentros. Siempre hay oposición que experimentar. Siempre debemos estar en guardia; siempre preparados; siempre alertas para detectar (discernir) el plan del enemigo. Hay una guerra en la que queremos ser victoriosos con Jesucristo.

El pasaje bíblico que usamos del libro de Primera Reyes como ejemplo, tiene un final triste. Como mencionamos anteriormente, Acab fue un rey que no conoció a Dios, aún después de haber experimentado el gran poder del Señor, por la liberación que Dios le dio de sus enemigos, ni aún así aprendió el temor de Dios.

Las peleas y batallas que experimentamos en la vida, son oposición del enemigo, nosotros salimos victoriosos de ellas porque Dios nos ha fortalecido. Con Cristo somos más que vencedores dice la Palabra de Dios. Para permanecer victoriosos, necesitamos recordar que nosotros debemos nuestras victorias a Dios. El diablo tratará siempre de ser un estorbo en el ejército de Dios. Acab, rey de Israel fue engañado por el rey de Siria. (1Rey. 20:31-34) Acab bajó la guardia.

Recuerdas que cada vez que el Señor envió un profeta a Acab, el Señor le decía: "Para que conozcas que yo soy Jehová." Acab no prestó atención a la fuente de su victoria, y se olvidó de quien lo libertó. Acab hizo alianzas con Ben-adad, rey de Siria y le preservó la vida. El rey de Siria era enemigo de Dios. Cuando Dios vio la alianza que Acab había hecho con el rey de Siria, envió profeta a Acab y le dijo:

"*Así ha dicho Jehová: Por cuanto soltaste de la mano el hombre de mi anatema, tu vida será por la suya, y tu pueblo por el suyo.*" (1Rey.20:42)

Muchas veces el Señor hace grandes obras en nuestras vidas. Él pelea por nosotros; nos liberta; Él nos da victoria sobre situaciones, gentes, lugares, adicciones temores y mucho más. Cuando Dios nos muestra el anatema, aquello apuntado para destrucción; es porque Él quiere que nos mantengamos alejados de aquello señalado para ser destruido. Debemos destruir el anatema señalado por Dios para destrucción. Un corazón agradecido y humillado delante de Dios, nos recordará Su maravilloso poder que nos liberta.

Muchas veces el hombre atribuye victoria a su propia capacidad intelectual o habilidad. Otras veces atribuye victoria a condiciones o al trabajo de algún otro. Cuando el hombre actúa de esta manera, ha juzgado livianamente la obra de Dios; entonces, con ese mismo peso lo deja deslizarse de sus manos. Es bueno recordar la Mano que nos ha libertado de la cárcel del pecado; la Luz que alumbró la oscuridad de nuestras vidas; la Fuerza que ha afirmado nuestras rodillas endebles; la Paz que quitó nuestras aflicciones; el Gozo que enjugó nuestras lagrimas y canceló la tristeza; el Pan que sació nuestro hambriento corazón; la Sangre que redimió nuestras almas perdidas.

En la medida que nuestras vidas suben y bajan, en busca de crecimiento espiritual, entenderemos que los valles son un nuevo peldaño para acercarnos más a la estatura de Cristo. A medida que dejamos el valle, y empezamos a subir hacia la cumbre, podremos percibir y entender la voluntad de Dios, así como el amanecer de un nuevo día que traerá nueva esperanza. Entonces, no despreciemos las subidas y bajadas de la vida; sino más bien ciñamos el mensaje de las Buenas Nuevas de Salvación en nuestros lomos, para saciar la sed y el hambre de un mundo perdido.

CAPÍTULO IX

EL TESTIMONIO DE JESUCRISTO

"*Si, pues, habéis resucitado con Cristo, buscad las cosas de arriba, donde está Cristo sentado a la diestra de Dios. Poned la mira en las cosas de arriba, no en las de la tierra. Porque habéis muerto, y vuestra vida está escondida con Cristo en Dios. Cuando Cristo, vuestra vida, se manifieste, entonces vosotros también seréis manifestados con el en gloria.*" (Col. 3:1-4)

Desde que conocí al Señor he experimentado muchas maravillas; es bueno recordar las obras de Dios, porque fortalecen mi fe y constancia en mi caminar hacia la Luz. He visto sanidades físicas y espirituales. He visto milagros que son atribuibles solo a Dios para la honra y gloria suya. Sin embargo, el milagro más grande es ver rota la voluntad del hombre; la ruptura de su voluntad le trae transformación. Obediencia a la Palabra de Dios es lo que produce cambio en el hombre; esa metamorfosis deseada que al hombre le parece imposible alcanzar, es posible a través de la obediencia. La obediencia a Dios, rompe la voluntad del hombre. Jesús dijo cuando estaba orando al Padre en el huerto de Getsemani:

> "... *Abba, Padre, todas las cosas son posibles para ti; aparta de mi esta copa; mas no lo que yo quiero, sino lo que tú." (Mar.14:36)*

Algo maravilloso e inexplicable me ocurrió cierta vez, el año 1987. Desperté de madrugada, y quise reconciliar el sueño nuevamente, pero no pude. Supe entonces que el Señor quería que me levantara a orar. Dije al Señor: "Señor, tengo que ir a trabajar temprano y necesito dormir," pero Su respuesta fue aún con más insistencia para que me levantara. Mire la hora en mi reloj pulsera, bajo una tenue luz, vi que eran las 4:40 de la madrugada. Sin quejarme más, levanté la cubierta, me puse de pié, tomé la Biblia, el chal, y la frazada con la que me cubría para orar, y me dirigí hacia la sala.

Cuando entré a la habitación, ésta estaba alumbrada por los pálidos rayos de luz de la luna que entraban a través de los visillos que discretamente colgaban en las ventanas. Después de colgar el chal sobre mis hombros, rápidamente me postré delante del Señor, cubriéndome completamente con la frazada para evitar el frío de la madrugada. Oré por el espacio de una hora aproximadamente. Cuando levanté la cubierta para incorporarme, esperaba ver la claridad de la mañana; sin embargo todo estaba completamente oscuro, ni siquiera la luz de la luna estaba allí.

Tomé las cobijas, y regresé a mi habitación, me recosté, y se me ocurrió mirar la hora nuevamente, mostraba 4:40. Entonces, me froté los ojos con el dorso de mis manos, para aclarar mi visión, porque era como si el tiempo no hubiera transcurrido. Mire la hora nuevamente; en efecto, esa era la hora. No se lo que hizo el Señor, mas el tiempo no transcurrió, y así pude reposar las horas que yo necesitaba.

Pienso que esto es estar sentado en los lugares celestiales con Jesucristo. La obediencia a Dios nos convierte en copartícipes de las bendiciones en los lugares celestiales en Cristo.

> "*Bendito sea el Dios y Padre de nuestro Señor Jesucristo, que nos bendijo con toda bendición espiritual en los lugares celestiales en Cristo. Y juntamente con él nos resucitó, y asimismo nos hizo sentar en los lugares celestiales con Cristo Jesús.*" (*Efe. 2:6, 1:3*)

Sabemos entonces que es un hecho, que estamos sentados en los lugares celestiales con el Señor Jesús, cuando ejercitamos nuestra fe. Cuando me levanté aquella mañana a orar, no fue para ver que el tiempo no transcurriría, sino que ejercité mi fe en obediencia a su llamado. Tal vez nunca sabré por lo que oré aquella madrugada; el hecho es que en ese momento y hora, el Señor necesitaba que alguien creyera que Él es Señor. Cuando nosotros nos sometemos bajo su Señorío y le obedecemos, en ese mismo momento, nos convertimos en participantes de la herencia que se nos ha dado en Cristo Jesús.

La Palabra de Dios nos dice que sin fe es imposible agradar a Dios[1]. Fe es lo que nos transporta en un abrir y cerrar de ojos a los lugares celestiales en Jesucristo. La obediencia de Jesús mientras caminaba en la tierra como el Hijo del Hombre, fue lo que conquistó

---

1   "Pero sin fe es imposible agradar a Dios; porque es necesario que el que se acerca a Dios crea que le hay, y que es galardonador de los que le buscan." (Heb.11:6)

el cielo para nosotros. Nuestra obediencia a la Palabra de Dios, nos hace habitar los lugares celestiales donde está nuestra herencia.

> *"Y estando en la condición de hombre, se humilló a sí mismo haciéndose obediente hasta la muerte, y muerte de cruz"* (Fil.2:8)

Es cierto, que hay momentos donde nosotros ejercitamos nuestra autoridad en el Nombre de Jesús, reprendiendo a los demonios, ordenando a las enfermedades desaparecer, cancelando maldiciones, ¡y eso está muy bien! Pero aquello no trae la sazón de la sal a la tierra[1], ni nos hace la luz del mundo[2]. Aquello solo es el resultado de nuestro noviazgo con Cristo. Lo que produce que seamos la sal y la luz del mundo es obediencia a la Palabra de Dios. La sazón de la sal en la comida, es una sustancia invisible. En realidad no se puede saber si hay sal en la comida hasta que se la prueba. La luz es visible aunque no se conozca de donde procede. Cuando somos la sal y la luz del mundo, podemos alcanzar las oscuridades de un mundo insípido.

Como seres humanos en nuestros cuerpos terrenales, los hombres tenemos otro concepto de ser participantes de la herencia de Dios. En el libro de los Hechos capítulo 8, hay una historia de uno, llamado Simón. Cuando Simón vio que la gente recibía el Espíritu Santo por la imposición de las manos de los apóstoles, él ofreció dinero a los apóstoles para que él también recibiera ese poder. Esta es la forma que el cuerpo terrenal percibe los actos celestiales de fe. En el Evangelio de Lucas, capítulo 22, los discípulos de Jesús estaban

---

1   "Vosotros sois la sal de la tierra; pero si la sal se desvaneciere, ¿con qué será salada? No sirve más para nada, sino para ser echada fuera y hollada por los hombres." (Mat.5:13)
2   "Vosotros sois la luz del mundo;…" (Mat.5:14)

disputando, quién de ellos sería el mayor en el reino de Dios, cuado Jesús los escuchó les dijo:

"*... Los reyes de las naciones se enseñorean de ellas, y los que sobre ellas tienen autoridad son llamados bienhechores; mas no así vosotros, sino sea el mayor entre vosotros como el más joven, y el que dirige, como el que sirve.*" (*Luc.22:25-26*)

Este cuerpo terrenal es aquel que percibimos físicamente, y muchas veces es cautivado por nuestras emociones, o persuadido por nuestras pasiones. En esta dimensión física queremos poder para realizar milagros y ver maravillas sin el rompimiento de nuestra voluntad; éste ser busca su propia gloria. Sin embargo existe también el cuerpo espiritual ó celestial llamado el hombre interior, el cual existe y es fortalecido por el poder del Espíritu de Dios. El ser espiritual busca dar la gloria a Dios, a través de este ser interior nos convertimos en participantes de las bendiciones espirituales en los lugares celestiales.

"*Y hay cuerpos celestiales, y cuerpos terrenales; pero una es la gloria de los celestiales, y otra la de los terrenales.*" (*1Cor.15:40*) Ver también (*1Cor.15:44*)

El hombre interior busca hacer la voluntad de aquel que lo envió; su más grande aspiración es hacer conocer la Palabra de su Maestro (de su Amo). El hombre interior prefiere complacer a Dios antes que a los hombres (incluyéndose a si mismo). El dice no mi voluntad, pero la Tuya sea hecha. En el libro de Juan capítulo 7, Jesús dijo a una multitud confundida, como reconocer si alguno es verdaderamente de Dios, o si alguno está buscando su propia gloria.

> "*Jesús les respondió y dijo: Mi doctrina no es mía, sino de aquel que me envió. El que quiera hacer la voluntad de Dios, conocerá si la doctrina es de Dios, o si yo hablo por mi propia cuenta. El que habla por su propia cuenta, su propia gloria busca; pero el que busca la gloria del que le envió, éste es verdadero, y no hay en él injusticia.*" *(Juan 7:16-18)*

En la carta a los Efesios, Pablo habla del misterio de la voluntad de Dios que sería manifestada en la dispensación del cumplimiento de los tiempos. Este misterio de la voluntad de Dios, nos fue dado a conocer a través de Jesucristo. Nadie puede experimentar ni conocer este misterio a menos que sea revelado por el poder de Dios. El misterio del cual Pablo habla es la reunión de las cosas celestiales con las terrenales.

> "*Dándonos a conocer el misterio de su voluntad, según su beneplácito, el cual se había propuesto en sí mismo, de reunir todas las cosas en Cristo, en la dispensación del cumplimiento de los tiempos, así las que están en los cielos, como las que están en la tierra.*" *(Efe.1:9-10)*

La dispensación del cumplimiento de los tiempos empieza cuando Jesús, el Hijo del Hombre, viene a la tierra en carne, nace de una virgen, y vive en medio de los hombres. Cuando el tiempo llega, Jesús predica el Reino de los Cielos, y tres años y medio más tarde,

El es crucificado como el Cordero de Dios que quita el pecado del mundo. Jesús fue enterrado, y al tercer día fue resucitado. En éste tiempo el ser humano es introducido a una nueva dispensación; la dispensación del cumplimiento de los tiempos (Efe. 1:10), llamada también "la dispensación de la gracia". El Evangelio de las Buenas Nuevas empieza a ser escrito en los corazones de los hombres. El hombre tiene la oportunidad de no trabajar más por su propia salvación, a través de la práctica de la Ley; sino más bien, por fe en Jesucristo será salvo.

El Señor ha llamado a todos quienes han recibido el Evangelio de Cristo, a ser evangelistas, a compartir con otros el mensaje de las Buenas Nuevas. Sin duda alguna, el Evangelio de Jesucristo, es un conglomerado de todo el consejo de Dios. Sin embargo, tiene un solo propósito el darte VIDA ETERNA. Pablo nos explica el Evangelio de salvación.

> "*Además os declaro, hermanos, el evangelio que os he predicado, el cual también recibisteis, en el cual también perseveráis; por el cual asimismo, si retenéis la palabra que os he predicado, sois salvos, si no creísteis en vano. Porque primeramente os he enseñado lo que asimismo recibí: Que Cristo murió por nuestros pecados, conforme a las Escrituras; y que fue sepultado, y que resucitó al tercer día, conforme a las Escrituras;*" (1Cor.15:1-4)

Lo que fue hecho de acuerdo a las escrituras, es la venida de Jesús al mundo para obedecer lo que estaba escrito de Él por los profetas en la Palabra de Dios. Jesús vino a dar testimonio a la verdad[1]. El Evangelio de nuestra salvación es el testimonio de Jesús, lo que hizo al obedecer la Palabra de Dios mientras caminaba como el Hijo del Hombre en la tierra.

El testimonio de Jesús es el espíritu de la profecía[2]. La muerte, el entierro y la resurrección de Jesús, nos es interpretada, como las Buenas Nuevas, cuando a través de la predicación de la Palabra de Dios nos arrepentimos. El arrepentimiento es tipo de la muerte de Jesús; arrepentimiento es cambiar la dirección del rumbo de nuestras vidas. El bautizo en agua en el nombre de Jesús, tipifica el entierro de Jesús; cuando somos bautizados, la sangre de Jesús es aplicada a nuestras almas, lavándonos de nuestros pecados. Finalmente, la llenura del Espíritu Santo, es tipo de la resurrección de Jesús en vida nueva.

Cuando el cuerpo terrenal del cual habla Pablo, es alcanzado por el testimonio de Jesús, se cumple el misterio de la voluntad de Dios, de reunir las cosas celestiales con las terrenales en la dispensación del cumplimiento de los tiempos. Entonces, este ser naturalmente terrenal, ahora es también de divina naturaleza[3] injertado en Jesucristo. Habiendo sido olivo silvestre, ahora producirá frutos de justicia, porque es una rama del Buen Olivo.

---

1 "Le dijo entonces Pilato: ¿Luego, eres tú rey? Respondió Jesús: Tu dices que yo soy rey. Yo para esto he nacido, y para esto he venido al mundo, para dar testimonio a la verdad. Todo aquel que es de la verdad, oye mi vos." (Jua.18:37)

2 "Y me postré a sus pies para adorarle. Y él me dijo: Mira, no lo hagas; yo soy consiervo tuyo, y de tus hermanos que retienen el testimonio de Jesús. Adora a Dios; porque el testimonio de Jesús es el espíritu de la profecía." (Apo.19:10)

3 "Por medio de las cuales nos ha dado preciosas y grandísimas promesas, para que por ellas llegaseis a ser participantes de la naturaleza divina, habiendo huido de la corrupción que hay en el mundo a causa de la concupiscencia;" (2Ped.1:4)

CAPÍTULO X

LA SANGRE DEL NUEVO PACTO

"*He aquí que vienen días, dice Jehová, en los cuales haré nuevo pacto con la casa de Israel y con la casa de Judá.*" (Jer.31:31)

El 3 de abril de 1994, estaba escuchando en el toca cinta "El Evangelio según Juan." El capítulo dos cuenta la historia de unas bodas en Caná de Galilea donde Jesús realiza el primer milagro registrado en las escrituras.

"*Al tercer día se hicieron unas bodas en Cana de Galilea; y estaba allí la madre de Jesús. Y fueron también invitados a las bodas Jesús y sus discípulos. Y faltando el vino, la madre de Jesús le dijo: No tienen vino. Jesús le dijo: ¿Que tienes conmigo, mujer? Aún no ha venido mi hora. Su madre dijo a los que servían:*

> *Haced todo lo que os dijere*[1]*. Y estaban allí seis tinajas*
> *de piedra para agua, conforme al rito de la purifica-*
> *ción de los judíos, en cada una de las cuales cabían dos*
> *o tres cántaros. Jesús les dijo: Llenad estas tinajas de*
> *agua. Y las llenaron hasta arriba. Entonces les dijo:*
> *Sacad ahora, y llevadlo al maestresala. Y se lo lleva-*
> *ron. Cuando el maestresala probó el agua hecha vino,*
> *sin saber él de donde era, aunque lo sabían los sirvien-*
> *tes que habían sacado el agua, llamó al esposo. Y le*
> *dijo: Todo hombre sirve primero el buen vino, y cuando*
> *ya han bebido mucho, entonces el inferior; mas tú has*
> *reservado el buen vino hasta ahora." (Juan 2:1-10)*

Después de escuchar el relato, quedé molesta preguntándome ¿Por qué tuvo que ser éste Su primer milagro? Unos minutos más tarde llego mi esposo del trabajo, y le pregunté: "¿Porque fue el primer milagro que Jesús realizó públicamente la conversión de agua en vino? Mucha gente usa éste milagro para justificarse de sus borracheras y muchos se burlan de ello." Pero Philip me escuchó sin hacer ningún comentario. Cuatro días más tarde, muy temprano en la mañana, yo estaba en oración, y el Espíritu de Dios me guió a leer la misma porción de escritura, sobre las bodas de Caná. A medida que leía las escrituras todo vino muy claro a mi entendimiento.

Jesús, sus discípulos y su madre estaban invitados a éstas bodas en Caná. Cuando Maria se dio cuenta que el vino se había acabado, dijo a Jesús: "No tienen vino." Jesús dijo a su madre: "aún no ha venido mi hora." Sin embargo, a pesar de Su respuesta, Su tiempo había arribado. Entonces dijo a los sirvientes que llenen las tinajas de agua, convirtién-

---

1   Ref. "Cuando se sintió el hambre en toda la tierra de Egipto, el pueblo clamó a Faraón por pan. Y dijo Faraón a todos los egipcios: Id a José, y haced lo que él os dijere" (Gen.41:55)

dose instantáneamente el agua en vino. Este vino fue reconocido por el maestresala como: "mejor vino"[1]. Este vino representa la sangre del nuevo pacto, un mejor pacto, cuyo mediador es Jesucristo.

> "*Pero ahora tanto mejor ministerio es el suyo, cuanto es mediador de un mejor pacto, estableci-do sobre mejores promesas*" (Heb. 8:6)

Jesucristo, es el cordero de Dios, ofrenda para ser sacrificada en la celebración de la Pascua. La sangre de Jesús sellaría el Nuevo Pacto entre Dios y los hombres.

Cuando Maria dijo que no tenían vino, sin saberlo Maria estaba hablando palabras proféticas, el antiguo pacto entre Dios y los hombres, dado a través de Moisés, había perdido su efectividad, así como el vino de la fiesta que se habiá acabado, dando acceso a un Nuevo Pacto, que sería sellado con la sangre de Jesús. En las escrituras, el vino es tipo de sangre[2].

> "*Diciendo primero: Sacrificio y ofrenda y holo-caustos y expiaciones por el pecado no quisiste, ni te agradaron (las cuales cosas se ofrecen según la ley).*" (Heb.10:8)

En el Antiguo Testamento la Ley fue dada a Moisés para que los

---

1   "...todo hombre sirve primero el buen vino, y cuando ya han bebido mucho, entonces el inferior; mas tú has reservado el buen vino hasta ahora" (Jua.2:10)
2   "...Esto es mi sangre del nuevo pacto, que por muchos es derramada. De cierto os digo que no beberé más del fruto de la vid, hasta aquel día en que lo beba nuevo en el reino de Dios" (Mar.14:24-25)

israelitas vivan por ella[1]. La Ley contenía muchos preceptos, reglamentos y mandamientos para que los israelitas los obedecieran.

En el libro de Éxodo, en los capítulos veinticinco al veintisiete, el Señor dio instrucciones a Moisés para que construyese el Tabernáculo. Dentro del Tabernáculo se guardaría el Arca del Pacto. El Arca del Pacto fue construida con específicas instrucciones dadas a Moisés por Dios. El Arca donde se guardaba el Testimonio[2], estaba puesta dentro del Lugar Santísimo. En el lugar Santísimo el Señor aparecería a Moisés para hablarle[3]. Aarón, hermano de Moisés, fue llamado al sacerdocio con sus hijos, para ofrecer la sangre de los sacrificios del pueblo de Israel delante de Dios[4]. La sangre debía ser ofrecida delante de Dios como propiciación por las transgresiones de los israelitas[5]. Este es un relato muy comprimido de uno de los rituales pertinentes a la Ley de Moisés.

En aquellos días, cuando los israelitas caminaban por el desierto hacia la Tierra Prometida, muchos eran los mandamientos para obedecer, cada aspecto de la vida debía ser vivido de acuerdo a la Ley. Si obedecían la Ley, ellos ciertamente vivían victoriosos en medio de las naciones; sus enemigos les temían y naciones enteras les pagaban tributos. Pero si se rebelaban contra la Ley, sufrían las consecuencias

---

1   "Porque de la justicia que es por la ley Moisés escribe así: El hombre que haga estas cosas, vivirá por ellas." (Rom.10:5) ver también (Gal.3:12)
2   "Y pondrás el propiciatorio encima del arca, y en el arca pondrás el testimonio que yo te daré." (Exo.25:21)
3   "Y de allí me declararé a ti, y hablaré contigo de sobre el propiciatorio, de entre los dos querubines que están sobre el arca del testimonio, todo lo que yo te mandare para los hijos de Israel" (Exo.25:22)
4   "porque todo sumo sacerdote está constituido para presentar ofrendas y sacrificios; por lo cual es necesario que también este tenga algo que ofrecer" (Heb.4:3)
5   "Y sobre sus cuernos hará Aarón expiación una vez en el año hará expiación sobre él por vuestras generaciones; será muy santo a Jehová." (Exo.30:10)

de la rebeldía; caían en manos de sus enemigos, y eran esparcidos por todas partes.

Como muchos hijos de Dios en nuestros días, los israelitas fácilmente se olvidaban de las grandes maravillas que el Señor hacía en medio de ellos, y dudaban. Es por eso, que el pecado de Israel era constantemente incredulidad, y por aquella incredulidad, muchos permanecieron en el desierto sin llegar jamás a la Tierra Prometida, donde fluye leche y miel.

Miles de años han pasado, desde que la Ley fue dada a Moisés en el Monte Sinaí. Originalmente, Israel se componía de doce tribus, derivadas de los doce hijos de Jacob, quien recibió un nuevo nombre, Israel. La nación de Israel, en sus primeros años como nación, fue dividida; diez tribus vinieron a formar el Reino del Norte, llamado Israel, su ciudad capital era Samaria. El Reino del Sur, conocido como Judá, estaba compuesto de dos tribus, Judá y Benjamín; su ciudad capital Jerusalén. Los hijos de Israel corrompieron los caminos del Señor, dejaron de celebrar la Pascua, la que fue celebrada por primera vez en Egipto, cuando sacrificaron un cordero perfecto sin mancha, para untar los postes y el dintel de la puerta de sus casas[1], para evitar que el ángel de la muerte mate a sus primogénitos[2]. Muchos años pasaron y los israelitas fueron llevados en cautiverio por naciones y reinos y sus ciudades fueron hechas desiertas. Al acercarse el cumplimiento de los tiempos, los hijos de Israel también fueron oprimidos por los romanos.

---

1   "El animal será sin defecto, macho de un año; lo tomarás de las ovejas o de las cabras." (Exo.12:5) "Y tomarán de la sangre, y la pondrán en los dos postes y en el dintel de las casas en que lo han de comer" (Exo.12:7)

2   "Por la muerte de los primogénitos de los egipcios, los hijos de Israel fueron libertados de la esclavitud en Egipto. Ahora por el sacrificio de Jesús siendo el Primogénito, quien vino a cumplir la Ley, la humanidad puede tener los lazos de esclavitud al pecado rotos." (Philip Martin)

Mas ahora el tiempo ha llegado, para que las promesas de Dios se cumplan. Jesús el hijo de Dios, se hizo carne, nacido de una virgen en un pesebre, no como el rey que esperaban los israelitas o judíos; sino como el Rey que reina en el corazón de los hombres[1].

El tiempo ha llegado para que el cordero perfecto, el sacrificio sin defecto sea ofrecido, una dispensación prometida por Dios por amor a la humanidad está a punto de comenzar. La transición entre la dispensación de la Ley y la dispensación de la Gracia es ahora. El tiempo: la celebración de la Pascua; el lugar: Jerusalén.

> "*Porque la sangre de los toros y de los machos cabríos no puede quitar los pecados. Por lo cual, entrando en el mundo dice: Sacrificio y ofrenda no quisiste; mas me preparaste cuerpo.*" (Heb. 10:4-5)

La salvación por las obras de la Ley ha fallado, no más obras para obtener salvación, para que nadie se engría en sus propias obras, sino que se obtiene salvación por fe en el Nombre de Jesús[2]. El vino, fruto de la vid y del trabajo del hombre, se había acabado en las bodas de Caná (Juan 2:3), así como había sido acabada la eficacia de los sacrificios que requería la Ley para dar salvación.

Las tinajas conforme al rito de la purificación de los judíos (Juan 2:6) que nunca pudo purificar el corazón del hombre, ahora son llenas del vino reservado para el final; el buen vino representa la sangre de Jesús que purifica los corazones de la humanidad.

---

1   "Por lo cual, este es el pacto que haré con la casa de Israel después de aquellos días, dice el Señor: Pondré mis leyes en la mente de ellos y sobre sus corazones las escribiré; Y seré a ellos por Dios, y ellos me serán a mí por pueblo;" (Heb.8:10)
2   "… a los que creen en su nombre, les dio potestad de ser hechos hijos de Dios." (Jua.1:12)

"Ycasi todo es purificado, según la ley, con sangre; y sin derramamiento de sangre no se hace remisión." (Heb.9:22)

La promesa de un Nuevo Pacto que Dios hizo a los hombres está pronta a ser sellada con la sangre del Cordero que quita el pecado del mundo. Cuando Jesús se reunió con sus discípulos para celebrar la Pascua, horas antes de ser traicionado, ellos comieron y bebieron y Jesús les dijo mientras les daba a beber de Su copa.

"... Esto es mi sangre del nuevo pacto, que por muchos es derramada." (Mar.14:24)

Aquella misma noche, Jesús fue traicionado por uno de sus discípulos y entregado a las autoridades romanas; Jesús sufrió en su carne toda clase de aflicciones y burlas. Al día siguiente, Jesús terminó crucificado en el monte Calavera; desnudo delante de los ojos de los hombres, para que los corazones de los hombres sean desnudados delante de Él. Él ofreció su sangre como propiciación por los pecados del hombre. Cuando Jesús entrega el espíritu al Padre y muere, hubo un terremoto, una oscuridad repentina en medio del día, y el velo del templo, aquel que separaba el lugar Santo del Santísimo, se rasgó en dos.

"Yhe aquí, el velo del templo se rasgó en dos, de arriba abajo; y la tierra tembló, y las rocas se partieron." (Mat.27:51)

Jesús a través de su sangre ha abierto camino al hombre para que entre al lugar santísimo. No más necesidad de sacerdote para que presente sangre de toros y carneros delante de Dios, porque Jesús ha ofrecido una vez y para siempre Su propia sangre por propiciación por los pecados del hombre. Jesús es el sacerdote para siempre según el orden de Melquisedec; Jesús es quien actúa a nuestro favor[1]. La Sangre del Nuevo Pacto empezó a mostrar su eficacia trayendo a la vida al mismo que la derramó.

> "Yel Dios de paz que resucitó de los muertos a nuestro Señor Jesucristo, el gran pastor de las ovejas, por la sangre del pacto eterno," (Heb.13:20)

Junto con Jesús muchos que estaban muertos resucitaron, y vivieron físicamente otra vez entre el pueblo.

> "Yse abrieron los sepulcros, y muchos cuerpos de santos que habían dormido, se levantaron; y saliendo de los sepulcros, después de la resurrección de él, vinieron a la santa ciudad, y aparecieron a muchos." (Mat.27:52-53)

Jesús vino a ser el primer fruto de aquellos que durmieron y para nosotros que vivimos también; porque Él resucitó de los muertos, nosotros también somos resucitados en su reino en vida nueva.

> "Mas ahora Cristo ha resucitado de los muertos; primicias de los que durmieron es hecho.

---

1   "Porque todo sumo sacerdote tomado de entre los hombres es constituido a favor de los hombres en lo que a Dios se refiere, para que presente ofrendas y sacrificios por los pecados; (Heb.5:1) "Y fue declarado por Dios sumo sacerdote según el orden de Melquisedec." (Heb.5:10 & Heb.5:2-9)

> *Porque por cuanto la muerte entró por un hombre, también por un hombre la resurrección de los hombres. Porque así como en Adán todos mueren, también en Cristo todos serán vivificados."(1Cor.15:20-22)*

∾

"Pero ahora tanto mejor ministerio es el suyo, cuanto es mediador de un mejor pacto, establecido sobre mejores promesas. Porque si aquel primero hubiera sido sin defecto, ciertamente no se hubiera procurado lugar para el segundo. Porque reprendiéndolos dice: He aquí vienen días, dice el Señor, en que estableceré con la casa de Israel y la casa de Judá un nuevo pacto; no como el pacto que hice con sus padres el día que los tomé de la mano para sacarlos de la tierra de Egipto; porque ellos no permanecieron en mi pacto, y yo me desentendí de ellos, dice el Señor. Por lo cual, este es el pacto que haré con la casa de Israel después de aquellos días, dice el Señor: Pondré mis leyes en la mente de ellos, y sobre su corazón las escribiré; y seré a ellos por Dios, y ellos me serán a mi por pueblo; al decir: Nuevo pacto, ha dado por viejo al primero; y lo que se da por viejo y se envejece, está próximo a desaparecer. (Heb.8:6-10,13)

∾

El Nuevo Pacto que era promesa de Dios a los hombres, solo podía ser ejecutado después de la muerte del testador. Dios es quien prometió el Nuevo Pacto, Él es el testador; por esta razón, Dios se hizo carne y murió, para que sus herederos puedan recibir los beneficios de su herencia.

"Porque donde hay testamento, es necesario que intervenga muerte del testador. Porque el testamento con la muerte se confirma; pues no es válido entre tanto que el testador vive. De donde ni aun el primer pacto fue instituido sin sangre." (Heb.9:16-18)

El derramamiento de la sangre de Jesús fue necesario para poner en ejecución el Nuevo Pacto. En el Antiguo

Testamento, Moisés tomó la sangre de los carneros y corderos para rociarla sobre el libro de la Ley y sobre todo el pueblo de Israel diciendo:

> "... *He aquí la sangre del pacto que Jehová ha hecho con vosotros sobre todas estas cosas.*" (Éxo.24:8)

La sangre de Jesús es la sangre del Nuevo Pacto escrito en el corazón de los hombres que creen en Su nombre.

> " *A Jesús el Mediador del nuevo pacto, y a la sangre rociada que habla mejor que la de Abel.*" (Heb.12:24)

CAPÍTULO XI

SEGÚN LA OPERACIÓN DEL PODER DE SU FUERZA

" A lumbrando los ojos de vuestro entendimiento, para que sepáis cuál es la esperanza a que él os ha llamado, y cuáles las riquezas de la gloria de su herencia en los santos, y cuál la supereminente grandeza de su poder para con nosotros los que creemos, según la operación del poder de su fuerza," (Efe.1:18-19)

Como es natural, algunos lugares, personas, cosas o palabras se hacen comunes en nuestro diario vivir, al punto que no recapacitamos en su verdadero significado, disminuyendo para nuestra pena el valor o beneficio que aquello nos ofrece. Por ejemplo mi familia vive cerca de una de las ciudades más famosas en el mundo. Miles de turistas visitan esta ciudad para ver en persona los monumentos impresos en los diferentes billetes del Dólar Americano, incluyendo la Casa Blanca, El monumento a Washington, El edificio del Capitolio y otros más. Washington D.C. es una ciudad en la que se deciden hechos históricos a diario. Mis hijos leen en sus libros de escuela sobre acontecimientos tan recientes como los que tomaron lugar el Junio pasado. Sin embargo, la mayoría de las personas que viven en ésta área no acuden a ver los hermosos monumentos históricos, ni van a observar el trabajo del gobierno Americano. Algunos han disminuido el valor de vivir en el área, y no aprecian lo que está disponible. En el sentido espiritual algunos han olvidado el poder de la oración para afectar en las decisiones que a diario se toman en ésta ciudad; decisiones que pueden afectar muchas veces al mundo entero.

Otra área que se descuida con frecuencia es el núcleo familiar. En la actualidad, hay muchas familias donde los padres e hijos solo comparten unos momentos juntos cada día. Durante ese tiempo intercalan unas pocas palabras, y quizás tienen un mínimo contacto físico. Muchos de ellos, no se sientan alrededor de una mesa para compartir los alimentos, y hablar de sus experiencias del día.

Estos padres e hijos han disminuido el valor humano y familiar de ambos; no se dan cuenta que la comunión de ambos, es tan importante que escribirá la memoria de sus vidas, los gratos recuerdos provocaran sonrisas y lágrimas de amor en los días por venir. Las buenas conversaciones y actividades familiares tejen ligaduras fuertes que no se pueden romper; pero no apreciar la ocasión y el momento, evitará la siembra de recuerdos que se deben atesorar en la vida.

Para poder apreciar una obra de arte es importante encontrar un punto de distancia apropiado desde donde podamos distinguir en toda su magnitud sus cualidades y belleza; entonces, se apreciará su valor, sea éste espiritual o material. De la misma forma en nuestras relaciones personales con la familia, debemos encontrar un punto preciso de perspectiva en nuestra ocupada manera de vivir para apreciar el valor de las personas que nos rodean y a quienes amamos.

Hay un dicho aquí en los Estados Unidos: "Las basuras de unos, son tesoros de otros." Aquí se practica la venta de cosas en los patios o garajes. Algunas veces familias o grupos de diverso orden se reúnen para hacer "Yard Sales." Todos traen lo que no les hace falta y lo venden por centavos o por pocos dólares en sus garajes o patios. Muchos compradores van de casa en casa todas las mañanas de los sábados buscando tesoros. Cuando un comprador paga su dinero por un determinado objeto, es porque en su mente le ha dado un determinado valor. Para el que vende aquel objeto, es solo un elefante blanco (esto es un estorbo en su casa); para el otro una oportunidad que no la dejaría pasar.

Como el comprador de yard sale que busca objetos de valor, nosotros debemos tomar en cuenta nuestras bendiciones y apreciarlas; debemos hacerlo desde un punto de vista específico que nos ayude a observar y a apreciar el valor de nuestras posesiones, sean estas materiales o espirituales.

Por otro lado existen palabras en nuestro vocabulario, que se han hecho tan comunes que le hemos perdido el valor y hemos olvidado su significado. Dos ejemplos valiosos son las palabras: Poder[1] y Fuerza[2] que conllevan un valioso significado en las escrituras.

---

1 PODER: Habilidad de controlar a otros, autoridad, dominio, imperio de una cosa. Instrumento con que se autoriza a alguien para que haga una cosa por uno. Posesión: La carta está en poder del juez; Autorización para hacer algo: Dar plenos poderes a una persona, carta poder. Obrar por poder, tratar en nombre de otro (PLI)

2 FUERZA: (Sin. Energía, resistencia, vigor potencia, dinamismo, resorte, verdor, lozanía, robustez). Potencia, Capaz de obrar. Es toda acción que modifica el estado de reposo de movimiento de un cuerpo. Capacidad de impulso. Violencia. Solidez; perseverancia y trabajo (PLI)

La Biblia está llena de promesas para nosotros los creyentes; estas promesas están relatadas con palabras que tienen valor más allá de nuestro entendimiento; poder sobre principados, autoridades, cosas, situaciones, y nombres que se nombran en éste siglo y en el venidero.

Como en el caso de las palabras: poder y fuerza, las cuales están citadas en Efesios 1:18-19 (escrituras que encabezan éste capítulo). Observando cuidadosamente el significado de estas palabras, entenderemos que es lo que existe en un creyente investido por el poder del Espíritu Santo. Jesús dijo a sus discípulos:

> "*Pero recibiréis poder, cuando haya venido sobre vosotros el Espíritu Santo, y me seréis testigos en Jerusalén, en toda Judea, en Samaria, y hasta lo último de la tierra.*" (Hch.1:8)

La manifestación de la promesa de la venida del Espíritu Santo, está relatada en el libro de los Hechos capítulo dos. En éste día el poder de Dios empezó a moverse dentro de los hombres, reuniendo las cosas celestiales con las terrenales[1]. Esto quiere decir que tenemos el poder de Dios dentro de nosotros, así tal y como Jesús lo prometió. Esto no es optativo, para unos sí y para otros no, éste poder es el que nos equipa para nuestro caminar en nuestra nueva vida.

Jesús dijo que recibiríamos poder. (Recibir quiere decir sostener, aceptar así como cuando se recibe un regalo; el que lo recibe, abre el regalo, examina el contenido, luego lo usa en la forma para la que éste ha sido diseñado). Dios ha otorgado su poder a aquellos que lo reciben; este regalo es un don celestial. Este regalo celestial

---

1   "de reunir todas las cosas en Cristo, en la dispensación del cumplimiento de los tiempos, así las que están en los cielos, como las que están en la tierra." (Efe.1:10

debe ser abierto, examinado y usado en la forma para la cual fue diseñado. El poder esta dado a los investidos por el Espíritu de Dios. Pero si el regalo no es abierto ni examinado y nunca usado, tampoco nunca se sabrá su potencial.

Este poder es un instrumento a través del cual hemos sido autorizados para hacer la obra de Dios en lugar Suyo. Cuando una persona otorga poder a otra, para ejecutar funciones en su nombre, le entrega un documento llamado: "carta poder." En este documento se estipulan todas las acciones que a la persona apoderada se le permite ejercer en nombre de la otra. Una vez la carta es escrita, debe ser firmada, registrada y sellada por un notario público, de ésta manera el poder de ejecutar lo escrito en la carta, es activado.

El poder que se nos ha otorgado a través del Espíritu Santo, es para ejecutar aquello escrito en nuestra carta poder, la Santa Biblia. El sello que nos autoriza la ejecución de lo escrito en ella, es el sello del Espíritu Santo de Dios; su propósito es que seamos testigos suyos en este mundo, de la vida eterna que está en Cristo Jesús.

> "*En el también vosotros, habiendo oído la palabra de verdad, el evangelio de vuestra salvación, y habiendo creído en él, fuisteis sellados con el Espíritu Santo de la promesa.*" (Efe.1:13)

Es decir que estamos capacitados y autorizados para hacer la obra de Dios. Al igual que un apoderado que se sujeta a las estipulaciones de la carta poder, el creyente investido por el Poder de Dios, debe sujetarse a las estipulaciones de la Biblia. Debemos escudriñarla y meditar en la Palabra de Dios para no caer en error[1]. La Biblia dice que

---

1   "Procura con diligencia presentarte a Dios aprobado, como obrero que no tiene de qué avergonzarse, que usa bien la palabra de verdad." (2Tim.2:15)

desde los días de Juan el Bautista hasta ahora el Reino de los Cielos sufre violencia, y los violentos lo arrebatan (lo toman por fuerza); es decir que hay batallas que se desarrollan en el mundo invisible donde la violencia y la fuerza son las que determinan quienes salen victoriosos. Esta fuerza es lo que necesitamos para participar de la herencia del Reino de los Cielos. Cuando el Espíritu Santo enviste al hombre, activa una fuerza, la que da vida al ser interior el cual estaba muerto por el pecado hasta entonces.

> "*Pero a cada uno de nosotros fue dada la gracia conforme a la medida del don de Cristo*" (Efe.4:7)

Hay naciones poderosas sobre la tierra que poseen armamentos y grandes ejércitos. Sin embargo, la fuerza que estos ejércitos y armamentos tienen, sólo se puede medir cuando están en el campo de batalla. Fuerza es la capacidad de resistir, de atacar y conquistar. De la misma forma, un cristiano lleno del poder del Espíritu Santo, solo determinará su fuerza por la operación o acción de la Palabra de Dios en él.

> "*Y cual la supereminente grandeza de su poder para con nosotros los que creemos, según la operación[1] del poder de su fuerza, la cual operó en Cristo, resucitándole de los muertos y sentándole a su diestra en los lugares celestiales.*" (Efe.1:19-20)

Pero si vamos de aquí para allá rechazando el consejo de Dios, y

---

1   OPERACION: Acción de una potencia, de una facultad o de un agente que produce un efecto: operación del entendimiento. Operación química, etc. (OPERADOR: es el que ejecuta las operaciones)

rehusamos el conocer la Carta Poder diseñada para el creyente, seremos fácilmente engañados, llevados de aquí para allá por todo viento de doctrina[1]. Aún va más allá, alguno podría terminar haciendo en el nombre de Dios, actos que no le han sido encomendados en su Carta Poder, La Biblia.

La Palabra de Dios, tiene la fuerza para cambiar la condición espiritual del hombre, reviviéndole. La operación del poder de Dios en los hombres produce transformación metamórfica. El creyente no permanecerá como una oruga, sino que se convertirá en una mariposa. El hijo de Dios no se quedará como renacuajo sino crecerá hasta llegar a ser rana. La obra de Dios, se perfeccionará en cada uno de sus hijos, de acuerdo al poder de su fuerza.

> "*Siendo renacidos, no de simiente corruptible, sino de incorruptible, por la palabra de Dios que vive y permanece para siempre.*" (1Ped.1:23)

Luchemos por conservar la libertad que se nos ha proporcionado por la gracia de Dios. Resistamos al pecado que nos aleja de Dios; disolviendo los coágulos de enemistades, resentimientos, falta de perdón y lascivias. Estas cosas sólo aumentan el volumen de nuestro colesterol espiritual. Porque grande es el propósito de Dios para con los hombres, el darles **VIDA ETERNA**, rescatándolos de las llamas del infierno, para que estén en el Verdadero, en Jesús, el Hijo de Dios.

---

1   "Para que ya no seamos niños fluctuantes llevados por doquiera de todo viento de doctrina, por estratagema de hombres que para engañar emplean con astucia las artimañas del error." (Efe.4:14)

"Pero sabemos que el Hijo de Dios ha venido, y nos ha dado entendimiento para conocer al que es verdadero; y estamos en el verdadero, en su Hijo Jesucristo. Este es el verdadero Dios, y la vida eterna." (1Jn 5:20)

CAPÍTULO XII

JESÚS, SEÑOR SOBRE TODAS LAS COSAS

"Por tanto, os hago saber que nadie que hable por el Espíritu de Dios llama anatema a Jesús; y nadie puede llamar a Jesús Señor, sino por el Espíritu Santo." (1Cor.12:3)

Recuerdo que una de las confesiones que hice el día que rendí mi vida a Dios, fue llamar a Jesús "Señor[1] y Rey de mi vida." Posiblemente en ese momento no pensé en la magnitud de mis palabras, pero aunque no lo sabía, eran guiadas por el Espíritu Santo, y este precioso Espíritu Santo no quiere otra cosa, pero el bien mío.

---

1   Señor: Sinónimo Dueño, Propietario, Noble, Distinguido. En hebreo es ADON, en griego KYRIOS. En Hechos 2:36 y Filipenses 2:11, Señor es usado en referencia a Jesús, no solo con deferencia más denotando y reconociendo su Señorío oficial. (DB)

Al haber hecho esta confesión pública, destituí a Maria Eugenia de la posición que tenía hasta entonces como señora y reina de su vida. Entonces una vacancia fue abierta, y alguien digno la llenó. Esta posición fue tomada por alguien experto en señorío y realeza; alguien que trataría con justicia y equidad mí vida, mí tiempo y mis dones; alguien quien no preguntó sobre mi pasado, solo vió la condición de mi corazón arrepentido, y un camino para mi nueva vida. Jesús el Rey de reyes y Señor de señores tomó el curso de mi vida; el timón de mi alma perdida, lo sujetó. Entonces comencé a navegar en un océano de amaneceres con esperanza y puestas de sol con reposo. Jesús es mi Señor, a Él para siempre, le debo honor.

En el libro de Isaías, capítulo 6, hay el relato de una visión que Isaías el profeta tuvo. En esta visión, Isaías vió al Señor sentado en un trono en toda su gloria; Isaías comienza el relato de la visión así:

"*En el año que murió el rey Uzías vi yo al Señor sentado sobre un trono alto y sublime, y sus faldas llenaban el templo. Por encima de él había serafines; cada uno tenía seis alas; con dos cubrían sus rostros, con dos cubrían sus pies, y con dos volaban. Y el uno al otro daba voces, diciendo: Santo, santo, santo, Jehová de los ejércitos; toda la tierra está llena de su gloria. Y los quiciales de las puertas se estremecieron con la voz del que clamaba, y la casa se llenó de humo. Entonces dije: ¡Ay de mí! Que soy muerto; porque siendo hombre inmundo de labios, y habitando en medio de pueblo que tiene labios inmundos, han visto mis ojos al Rey, Jehová de los ejércitos. Y voló hacia mí uno de los serafines, teniendo en su mano un carbón encendido, tomado del altar con unas tenazas; y tocando con él sobre mi boca, dijo: He aquí que esto tocó tus labios, y es quitada tu culpa, y limpio tu pecado." (Isa.6:1-7)*

Es interesante, como Isaías comienza su relato, dando como tiempo de referencia de su visión el año de la muerte del rey Uzías. Para que nosotros podamos ver al Rey y Dios, primero debemos morir al señorío de nuestra vida, entonces podremos ver al Señor alto y sublime en su gloria. En el trono los serafines dan voces diciendo "Santo, santo, santo es Jehová de los Ejércitos" Esta continua aclamación declara a nuestro espíritu la santidad de Dios, mientras somos atraídos por Su Espíritu. Es por eso que somos capaces de reconocer que somos pecadores y que hemos pecado contra Dios, y nos arrepentimos.

Isaías dice que la casa fue llena con humo; esto representa la investidura de dignidad que el Espíritu del Señor hace en nuestras vidas, nos convertimos en su templo. Luego Isaías temió por su vida, por ser inmundo de labios, y haber visto al Rey, Jehová de los ejércitos. La Biblia dice que nadie verá a Dios y vivirá[1]. Isaías supo que entonces era el fin de su vida, el reconoció la condición de su alma pecadora. Sin embargo uno de los serafines tomó un carbón encendido del altar y tocó sus labios. En el libro de los Hechos vemos una y otra vez que aquellos investidos por el Espíritu de Dios comenzaban a hablar en otras lenguas[2]. Cuando Isaías vio al Señor, su más grande preocupación era el estado de sus labios inmundos y de habitar en medio de pueblo de labios inmundos. Pero cuando el carbón encendido tocó sus labios, fue quitada su culpa y limpio su pecado. Es así como Cristo nos manifiesta su salvación quitando nuestra culpa y limpiando nuestros pecados con su sangre.

---

1   "Dijo más: No podrás ver mi rostro; porque no me verá hombre, y vivirá" (Exo.33:20)
2   Hechos.2:4, 10:44-46, 19:5

En el libro de Génesis, Jacob hace referencia de cómo vio al Señor cara a cara y fue librada su alma ó preservada su vida[1]. Muchos de los hechos que acontecieron y vemos relatados en el Antiguo Testamento, fueron una sombra de lo que habría de venir. Muchos hombres de Dios que ahora duermen y otros que viven, experimentaron el Señorío de Dios, vieron su Majestad[2], y por eso están esperando su retorno. Sabemos entonces que la vida dada por Dios es eterna. Aunque el hombre físico se desgasta, no obstante el ser interior es renovado de día en día. (2Cor.4:16) Jesús dijo a aquellos que trataban de engañarlo con sus preguntas sobre la resurrección de los muertos: "Están errados no sabiendo las Escrituras o el poder de Dios[3]", porque el Señor es Dios de los vivos y no de los muertos[4], es por eso que el Señor vivió entre los hombres y murió, y volvió a vivir para ser Señor así de los muertos como de los vivos[5].

Caminando Jesús en medio de los hombres se identificó con los vivos; y en su muerte de cruz se identificó con los muertos, los que duermen en esperanza. Jesús descendió a lo profundo de la tierra, haciéndose así Señor de todo lo que está en ella y debajo de ella. Él ascendió a los cielos, haciéndose Señor de las cosas que están en los cielos. El magnífico amor de Dios, soltó las cadenas de esclavitud del hombre, y de todas las cosas que fueron cautivadas por el pecado. El pecado entró al mundo por un hombre, Adán. Y por un hombre to-

---

1   "Y llamó Jacob el nombre de aquel lugar, Peniel; porque dijo: vi a Dios cara a cara, y fue librada mi alma." (Gen.32:30)
2   "Porque no os hemos dado a conocer el poder y la venida de nuestro Señor Jesucristo siguiendo fábulas artificiosas, sino como habiendo visto con nuestros propios ojos su majestad" (2Pet.1:16)
3   "Entonces respondiendo Jesús, les dijo: Erráis, ignorando las Escritura y el poder de Dios. (Mat.22:29)
4   "Yo soy el Dios de Abraham, el Dios de Isaac y el Dios de Jacob, Dios no es Dios de muertos, sino de vivos." (Mat.22:32)
5   "Porque Cristo para esto murió y resucitó, y volvió a vivir, para ser Señor así de los muertos como de los que viven" (Rom.14:9)

das las cosas son hechas libres, Jesús es quien liberta todas las cosas en los cielos y en la tierra; a Él le fue dado nombre que es sobre todo nombre.

> "*Por lo cual Dios también le exaltó hasta lo sumo, y le dio un nombre que es sobre todo nombre, Para que en el nombre de Jesús se doble toda rodilla de los que están en los cielos, y en la tierra, y debajo de la tierra; y toda lengua confiese que Jesucristo es el Señor, para gloria de Dios Padre.*" (Fil.2:9-11)

David testifica sobre el Señorío y poder de Jesús en el Salmo 110, luego Pedro en el libro de los Hechos mencionó lo escrito, anunciando públicamente por primera vez el Evangelio de Jesús a la casa de Israel, y dijo:

> "*Porque David no subió a los cielos; pero el mismo dice: 'Dijo el Señor a mi Señor; Siéntate a mi diestra, hasta que ponga a tus enemigos por estrado de tus pies. Sepa, pues, ciertísimamente toda la casa de Israel, que a este Jesús a quien vosotros crucificasteis, Dios le ha hecho Señor y Cristo.*" (Hch. 2:34-36)

Todas las cosas fuero sujetas a Jesús y puestas bajo sus pies. Él es el conquistador de todas las cosas que hace mucho tiempo atrás fueron cautivadas por el pecado[1]. Cuando Jesús libertó su creación, Él también llenó todo con su libertad redentora, dándoles dones a los hombres para hacer el trabajo de Su amor eterno aquí

---

1   "Y despojando a los principados y a las potestades, los exhibió públicamente, triunfando sobre ellos en la cruz." (Col.2:15)

en la tierra. Jesús es la Cabeza de la Iglesia, y aquellos redimidos por Él son su cuerpo; la Iglesia es el cuerpo de Cristo[1].

> "*Por lo cual dice: Subiendo a lo alto, llevó cautiva la cautividad, y dio dones a los hombres. Y eso de que subió, ¿qué es, sino que también había descendido primero a las partes más bajas de la tierra? El que descendió, es el mismo que también subió por encima de todos los cielos para llenarlo todo. Y él mismo constituyó a unos, apóstoles, a otros, profetas; a otros, evangelistas; a otros, pastores y maestros, a fin de perfeccionar a los santos para la obra del ministerio, para la edificación del cuerpo de Cristo.*"
> (Efe.4:8-12)

Jesús nuestro Señor es en nosotros la potencia de victoria en nuestras vidas. Si permanecemos sujetos a su Señorío no nos faltará su respaldo, ya que su autoridad nos ha sido delegada. Así como un policía uniformado, tiene autoridad para parar a los infractores de la ley, nosotros tenemos autoridad sobre principados, potestades, sobre los gobernadores de las tinieblas de este siglo; sobre huestes espirituales de maldad en las regiones celestes[2], para cancelar las

---

1 "…y sentándole a su diestra en los lugares celestiales, (21) sobre todo principado y autoridad y poder y señorío, sobre todo nombre que se nombra, no sólo en este siglo, sino también en le venidero; (22) y sometió todas las cosas bajo sus pies, y lo dio por cabeza sobre todas las cosas a la iglesia, (23) la cual es su cuerpo, la plenitud de Aquel que todo lo llena en todo" (Efe.1:20-23)

2 "Porque no tenemos lucha contra sangre y carne, sino contra principados, contra potestades, contra los gobernadores de las tinieblas de este siglo, contra huestes espirituales de maldad en las regiones celestes." (Efe.6:12)

acechanzas del diablo, y para derribar toda cosa que se levanta en contra del conocimiento de Dios.

Pero si nos descarriamos, entonces nos zafamos también de su autoridad delegada. En los libros de Mateo 8, y Lucas 7, se relata la certeza de fe que tuvo un oficial romano quien tenía bajo su mando cien soldados. Este centurión, fue a ver a Jesús para pedirle que sanara a su criado. El centurión le dijo: "Señor no soy digno que entres bajo mi techo; solamente di la palabra, y mi criado sanará; porque también yo soy hombre bajo autoridad, y tengo bajo mis órdenes soldados; y digo a éste: ve, y va; y al otro; ven, y viene; y a mi siervo: haz esto, y lo hace." Este centurión, entendió el señorío y la autoridad de Jesús. Primero él supo que para tener autoridad, uno debe estar bajo autoridad. Cuando estamos bajo una autoridad justa, nuestros actos reflejaran aquella justicia delante de Dios y de los hombres.

CAPÍTULO XIII

ETERNIDAD

Eternidad es el hecho, condición, o cualidad de ser eterno; una duración o continuación sin principio ni fin. Por lo tanto, eternidad es un hecho que toma lugar ahora mismo. ¿Pero donde toma lugar eternidad? Eternidad toma lugar en los lugares celestiales. Es en los lugares celestiales donde lo eterno mora, en el mundo invisible. Así como vivimos, y nos movemos, caminamos y hablamos en el mundo físico, hay también un mundo espiritual el cual es eterno, invisible al ojo natural; pero es real y verdadero en el mundo espiritual.

"No mirando nosotros las cosas que se ven, sino las que no se ven; pues las cosas que se ven son temporales pero las que no se ven son eternas." (2Cor.4:18)

Para poder penetrar en este mundo eterno e invisible, debemos ser investidos con una fuerza eterna que nos fortalecerá para encarar el mundo invisible. No podemos entrar a los lugares celestiales en nuestra carne, nuestra carne es lenta y densa, y por esa densidad se hace sustancia física la que vemos y experimentamos cada día. Es en estos lugares celestiales donde se efectúan grandes batallas espirituales, luchas intensas que tendrán resultado en el mundo físico.

> "*Porque no tenemos lucha contra sangre y carne, sino contra principados, contra potestades, contra los gobernadores de las tinieblas de este siglo, contra huestes espirituales de maldad en las regiones celestes.*" (Efe.6:12)

Este versículo nos guía a hacernos la siguiente pregunta: ¿Cómo afectaremos eternidad? Solo podemos afectar eternidad en espíritu y en verdad; esto es a través de la oración y con la Palabra de Dios. Oración con la Palabra de Dios nos conecta a una dimensión más allá del mundo físico. Somos introducidos al mundo espiritual donde viven las cosas eternas. A través de éste tipo de oración, uno es capaz de discernir y entender un mundo desconocido, donde lo físico no tiene parte. El ser humano en su naturaleza carnal, no busca las cosas eternas, sino las cosas temporales y transitorias. El hombre carnal busca satisfacciones momentáneas, pero el espíritu busca lo imperecedero, lo indestructible y eterno.

Dios ha puesto eternidad en el corazón de los hombres[1], es por eso que el hombre natural, busca ser saciado espiritualmente, aunque lejos de Dios el hombre no se hace espiritual, sino espiritista,

---

1   "… y ha puesto eternidad en el corazón de ellos, sin que alcance el hombre a entender la obra que ha hecho Dios desde el principio hasta el fin." (Ecl.3:11)

carnal, idólatra; trayendo a su vida brujería, hechicería, idolatría; este tipo de actividades son abominación a Dios.

Mientras el ser humano está sujeto a vanidad en su naturaleza carnal, tiende a enorgullecerse. El hombre quiere hacerse igual a Dios, se rebela a Dios y le niega la potestad absoluta y la gloria. Este estado del ser humano es conocido como "el ser natural."

> "*Pero el hombre natural no percibe las cosas que son del Espíritu de Dios, porque para él son locura, y no las puede entender, porque se han de discernir espiritualmente.*" (1Cor.2:14)

Este ser natural, tiene una existencia carnal, pues responde a los apetitos de la carne, de los ojos, y a la vanagloria de la vida con mucha facilidad. El ser natural, es persuadido por los placeres que ofrece el mundo natural, no le atrae ni tampoco quiere sujetarse al Espíritu de Dios, porque es hijo de desobediencia, rebelde. El apóstol Pablo, habla de éste estado natural del hombre, cuando escribe a la iglesia de los efesios.

> "*En aquel tiempo estabais sin Cristo, alejados de la ciudadanía de Israel y ajenos a los pactos de la promesa, sin esperanza y sin Dios en el mundo.*" (Efe.2:12)

El ser humano en su estado natural, el cual está sin esperanza y sin Dios en el mundo, vive bajo la completa influencia del príncipe de las tinieblas, éste es el diablo.

> "*En los cuales anduvisteis en otro tiempo, siguiendo la corriente de este mundo, conforme al príncipe de la potestad del aire, el espíritu que ahora opera en los hijos de desobediencia, entre los cuales también todos nosotros vivíamos en otro tiempo en los deseos de nuestra carne, haciendo la voluntad de la carne y de los pensamientos, y éramos por naturaleza hijos de ira, lo mismo que los demás.*" (Efe.2:2-3)

Cuando el ser humano es introducido al mundo, a la hora de su nacimiento nace en pecado; porque ha heredado el pecado que fue introducido por Adán en el mundo, por lo tanto la muerte; la muerte es consecuencia del pecado[1].

Este estado de existencia en la vida del hombre, se puede prolongar tanto como el hombre permanezca alejado de Dios. Dios es el único que da redención o libertad de ésta condena de muerte, a través de la sangre de su único hijo, Jesús de Nazaret. Cuando ésta naturaleza carnal es rendida a Dios, la sangre de Jesucristo que una vez fue derramada en la cruz del Calvario, es la que paga el precio de la culpa del hombre, es decir que lo rescata, lo redime y lo salva remitiendo sus pecados en las aguas del bautizo, invocando Su nombre. De ésta manera ha pagando la fianza equivalente a su condena, la cual es condena de muerte. ¿Entonces que podría ser la paga de la condena de muerte? La respuesta es: VIDA. Esta VIDA está en Jesucristo el hijo de Dios.

> "*Y este es el testimonio: que Dios nos ha dado vida eterna; y esta vida está en su Hijo. El que tiene*

---

1   "Por tanto como el pecado entro en el mundo por un hombre, y por el pecado la muerte, así la muerte pasó a todos los hombres, por cuanto todos pecaron." (Rom.5:12)

*al Hijo, tiene la vida; el que no tiene al Hijo de Dios no
tiene la vida."(1Jua.5:11-12)*

Jesucristo es capaz de pagar la fianza de nuestra condena de
muerte, porque Él vivió una vida sin pecado. Sin embargo, Jesús sufrió una condena de muerte como si hubiese sido el más vil pecador.
Jesús, el hijo de Dios, llevó en sí mismo la culpa de nuestros pecados, preparando de esta manera, gracia para el oportuno socorro de
nuestras almas. Esto es crédito a nuestro favor. Cuando rendimos
nuestra vida a Dios, estamos aceptando su favor hacia nosotros.

> "*Mas él herido fue por nuestras rebeliones, molido
> por nuestros pecados; el castigo de nuestra paz
> fue sobre él, y por su llaga fuimos nosotros curados*"
> (Isa. 53:5)

Cuando el hombre rinde (somete, deposita) su vida a Dios, él
encuentra gracia, la que guía al pago de su deuda. Cuando el hombre es librado de aquella hipoteca de su propia vida, pasa a ser pro-
piedad de aquel quien pagó su deuda, éste es Jesús. El nombre de
Jesús es el único nombre dado a los hombres para salvación[1]. Por su
sangre recibimos redención de nuestras almas, porque es su sangre,
la que paga la culpa de nuestras transgresiones[2].

Si observamos cuidadosamente, podremos ver que hasta ese
momento de genuino arrepentimiento, el propietario del destino de

---

[1]   "Y en ningún otro hay salvación; porque no hay otro nombre bajo el
cielo, dado a los hombres, en que podamos ser salvos." (Hech.4:12)

[2]   "Y cantaban un nuevo cántico, diciendo: Digno eres de tomar el libro
y de abrir sus sellos porque tu fuiste inmolado, y con tu sangre nos
has redimido para Dios, de todo linaje y lengua y pueblo y nación."
(Apo.5:9)

nuestras almas es el príncipe de la potestad del aire, Satanás. No hay un punto intermedio, uno es de Dios o del maligno. Al rendir nuestras vidas a Dios, nos despojamos de nuestra justicia aceptando la justicia de Dios. Aquella justicia de Dios nos vivifica, entonces nos convertimos en materia prima, lista para ser tratada, de manera que sirvamos al reino de nuestro nuevo amo.

> "*Y el os dio vida a vosotros, cuando estabais muertos en vuestros delitos y pecados. Aun estando nosotros muertos en pecado, nos dio vida juntamente con Cristo.*" (Efe.2:1 & 5)

Vemos claramente que la redención que Dios nos da, nos hace vivir con Cristo. Cancela nuestros pecados que nos hacían morir y revivimos, somos nuevas criaturas, como dice la escritura.

> "*De modo que si alguno está en Cristo, nueva criatura es, las cosas viejas pasaron, he aquí todas son hechas nuevas.*"(2Cor.5:17)

En realidad somos nuevas criaturas espirituales; ahora tenemos ventaja contra el príncipe de las tinieblas que gobernaba nuestras vidas, el diablo; ahora somos capaces de discernirlo y a sus demonios por el poder del Espíritu de Dios, porque la venda espiritual que nos cegaba, ha sido quitada de nuestros ojos espirituales. Ahora estamos en el otro lado, pertenecemos al Ejército de Dios. Dios nos dio vida con Cristo, y vivimos con el Dios fuerte, Todo Poderoso.

> "*Porque así dijo el Alto y Sublime, el que habita la eternidad, y cuyo nombre es el Santo: 'Yo habito*

en la altura y la santidad, y con el quebrantado y hu-
milde de espíritu, para hacer vivir el espíritu de los
humildes y para vivificar el corazón de los quebranta-
dos.'" (Isa.57:15)

Cuando somos llamados de las tinieblas a su luz admirable, todo es nuevo; es decir, que empezamos a ver cosas de una forma diferente. Sentimos y percibimos cosas de las que antes no nos percatábamos por la ceguera espiritual que nos mantenía en oscuridad. La Palabra de Dios nos relata sobre un hombre que era principal de los judíos, llamado Nicodemo, quien vino a ver a Jesús de noche, y a su pregunta Jesús le contestó:

"... De cierto, de cierto te digo, que el que no
naciere de nuevo, no puede ver el reino de
Dios."(Juan 3:3)

Vemos pues que sí existe un nuevo nacimiento pero éste nacimiento no se refiere al nacimiento humano, sino a un nacimiento espiritual que es a través del agua y del Espíritu; este nacimiento es el del ser interior. Nuevamente Jesús le responde a Nicodemo:

"... De cierto, de cierto te digo, que el que no na-
ciere de agua y del Espíritu, no puede entrar
en el reino de Dios."(Juan 3:5)

La Palabra de Dios tiene el poder de señalar el pecado del hombre. La Palabra de Dios despoja al hombre de su propia justicia, las razones o justificaciones que una persona expone delante de Dios por sus pecados no conmueven a Dios, porque delante de Dios son

Vida Eterna

como trapo de inmundicia[1] pero un corazón humillado compadece a Dios. Cuando el hombre es despojado de su justicia, su pecado es descubierto, y el Espíritu Santo de Dios le trae convicción de pecado; por consecuencia genuino arrepentimiento, esto es el nacimiento del Espíritu. El nacimiento de agua es a través del bautizo en agua invocando el nombre de Jesús; en el bautizo los pecados que el hombre cometió son lavados.

El genuino arrepentimiento produce en nuestro espíritu humildad y quebrantamiento. Así como vimos anteriormente, en Isaías, capítulo 57, verso 15 que Dios hace vivir el espíritu humilde y vivifica el corazón quebrantado. Este arrepentimiento nos hace aceptos ante Dios y recibimos adopción[2] por el Espíritu Santo. De manera que recibimos vida por el Espíritu Santo de Dios; y es así que se produce un nuevo nacimiento del ser interior[3].

Es pues con este ser interior que nos empezamos a mover en los lugares celestiales, en lo invisible, en lugares eternos. Allí, en la eternidad, encontramos dos fuerzas: Una del bien y, otra del mal. En este campo espiritual se desarrollan luchas intensas que darán resultado en lo físico. Por ejemplo, cuando un creyente ora, invade con luz espiritual las obscuridades eternas del Diablo. Cuando un creyente ayuna, puede desatar ligaduras de impiedad, soltar cargas de opresión; puede también dejar ir libres a los quebrantados, y romper yugos de esclavitud[4] de los oprimidos. Cuando un creyente

---

1 "...y todas nuestras justicias como trapo de inmundicia..." (Isa.64:6)
2 "...sino que habéis recibido el espíritu de adopción, por el cual clamamos: ¡Abba Padre" (Rom.8:15)
3 "... ¿Puede acaso alguno impedir el agua, para que no sean bautizados estos que han recibido el Espíritu Santo también como nosotros? (48) Y mandó bautizarles en el nombre del Señor Jesús." (Rom.10:47-48) (Ver Hech. 22:15-16)
4 "¿No es mas bien el ayuno que yo escogí, desatar las ligaduras de impiedad, soltar las cargas de opresión, y dejar ir libres a los quebrantados, y que rompáis todo yugo?" (Isa.58:6)

estudia la Palabra de Dios, se informa del poder de Dios y sus caminos; descubre las tretas y los engaños del diablo.

El reconocer la existencia de este mundo espiritual es esencial para la nueva existencia del creyente. El creyente tendrá una vida victoriosa en su caminar con Dios. Ignorar o evadir la existencia de este mundo espiritual, distancia al creyente de Dios. El alejarse de Dios produce enfriamiento espiritual y finalmente rechazo a la divinidad de Dios y, por consecuencia una mente reprobada.

> "*Y como ellos no aprobaron tener en cuenta a Dios, Dios los entregó a una mente reprobada, para hacer cosas que no convienen.*" (Rom.1:28)

Hay tres ingredientes clave para permanecer en Cristo y en su presencia. El primero es la Palabra de Dios, el segundo es la oración y el tercero es el ayuno.

La Palabra de Dios: La Palabra de Dios es el alimento para el ser interior[1]. La Palabra de Dios convierte el alma, es por eso que se escucha decir: "Se convirtió a cristiano, o el se hizo evangélico." Aquella persona ha sido transformada por La Palabra de Dios.

> "*La ley de Jehová es perfecta, que convierte el alma...*" (Sal.19:7)

Se sabe que si una persona tiene buenos hábitos alimenticios, esa persona lucirá de acuerdo a su dieta disciplinada. De la misma manera, cuando una persona no tiene disciplina en su alimentación, su aspecto lo declarará. Lo mismo es con nuestro ser interior, éste

---

1   "El respondió y dijo: No solo de pan vivirá el hombre, sino de toda palabra que sale de la boca de Dios." (Mat.4:4)

dará frutos de justicia cuando es alimentado apropiadamente con la Palabra de Dios; y sin duda dará frutos de injusticia cuando no es alimentado así.

La lectura diaria de la Palabra de Dios, produce transformación en nuestro ser interior. Aunque estos cambios son invisibles al ojo humano, no obstante sus frutos se manifiestan en el comportamiento del individuo. El nuevo cristiano empieza a sufrir cambios metamórficos en su espíritu. Algo así como los cambios que experimenta la oruga de la mariposa, o el renacuajo de la rana; estas criaturas sufren cambios metamórficos (transformación física) estos cambios son necesarios para que la criatura alcance su potencial en la creación.

El ser interior, sufre cambios metamórficos por la Palabra de Dios. Estos cambios lo convertirán en un creyente de la obra que Dios hizo en el Monte Calvario a través de Jesucristo. Esta obra es desconocida a menos que se indague en ella. Cuando el creyente no se interesa por conocer a Dios, éste nunca desarrollará el potencial que Dios tiene para con él.

> "*Porque la palabra de Dios es viva y eficaz, y más cortante que toda espada de dos filos; y penetra hasta partir el alma y el espíritu, las coyunturas y los tuétanos, y discierne los pensamientos y las intenciones del corazón.*" (Heb.4:12)

Oración: La oración es comunicación con Dios. Si el creyente tiene la actitud correcta hacia su Dios, entra en comunión con Dios. La comunión con Dios no es otra cosa que la unión de nuestro espíritu con el Espíritu de Dios. En la Biblia hay ejemplos de oraciones que fueron expresadas de corazón, por diferentes personajes; muchas de estas oraciones cambiaron el destino de vidas,* de naciones**, y otras causaron hechos a nivele cósmico***.

LA ORACIÓN DE ANA

* *Ella (Ana) con amargura de alma oró a Jehová, y lloró abundantemente. E hizo voto, diciendo: Jehová de los ejércitos, si te dignares mirar a la aflicción de tu sierva, y te acordases de mí, y no te olvidares de tu sierva, sino que dieres a tu sierva un hijo varón, yo lo dedicaré a Jehová todos los días de su vida, y no pasará navaja sobre su cabeza. Aconteció que al cumplirse el tiempo, después de haber concebido Ana, dio a luz un hijo, y le puso por nombre Samuel, diciendo: Por cuanto lo pedí a Jehová. (1Sam.1:10-11, 20)*

LA ORACIÓN DE NEHEMÍAS

** *Cuando oí estas palabras me senté y lloré, e hice duelo por algunos días, y ayuné y oré delante del Dios de los cielos. Y dije al rey: Si le place al rey y tu siervo ha hallado gracia delante de ti, envíame a Judá, a la ciudad de los sepulcros de mis padres, y la reedificaré. ...Y me lo concedió el rey, según la benéfica mano de mi Dios sobre mí. (Neh.1: 4, 2: 5...8)*

Ayuno: El ayuno es un ingrediente esencial para el crecimiento del creyente. El ayuno siendo una actividad física, produce gran poder espiritual en el ser interior. Cuando el creyente es entrenado a ayunar, orar y, es alimentado por la Palabra de Dios, puede experimentar poder sobre las obras de la carne. El ayuno es lo único que entrena al hombre natural, o al ser físico a sujetarse al Espíritu de Dios. Cuando el hombre natural está sujeto al Espíritu de Dios, obra actos de justicia, según el propósito de Dios para con Sus hijos. El Dr. Paúl Yonggi Cho, Coreano, quien pastorea la iglesia más grande del mundo dice: "A los nuevos creyentes se les asigna ayunar tres días a la semana, ellos oran

LA ORACIÓN DE ISAÍAS

*** *Respondió Isaías: Esta señal tendrás de Jehová, de que hará Jehová esto que ha dicho: ¿Avanzará la sombra diez grados, o retrocederá diez grados? Ezequías respondió: Fácil cosa es que la sombra decline diez grados; pero no que la sombra vuelva atrás diez grados. Entonces el profeta Isaías clamó a Jehová; e hizo volver la sombra por los grados que había descendido en el reloj de Acaz, diez grados atrás. (2Rey.20:9–11)*

y estudian La Palabra de Dios." El pastor Cho, entiende que la Palabra de Dios, la oración y el ayuno convertirán el alma del hombre.

De la presencia de Dios, el ser interior recibe refrigerio para el alma; es guiado para tomar decisiones, es provisto de conocimiento de Dios, sabiduría, entendimiento e inteligencia. Es también en este ser interior que el hombre recibe revelación de la Palabra de Dios. Pero por sobre todo, recibe poder de Dios y es por este poder que existe el ser interior. Si se niega al ser interior su recurso de vida, este morirá eventualmente.

"*Pero recibiréis poder, cuando haya venido sobre vosotros el Espíritu Santo, y me seréis testigos en Jerusalén, en toda Judea, en Samaria y hasta lo último de la tierra.*"(Hch.1:8)

El poder que el ser interior recibe es la manifestación del Espíritu de Dios en su espíritu. Este poder, o más bien la evidencia de esta existencia en el hombre, le da el poder de ser testigo de Cristo. Este poder busca reconciliar a los hombres con su Creador, a través del Evangelio de Salvación. El Evangelio de Salvación es la muerte, entierro, y resurrección de Jesucristo. Este evangelio debe darse a conocer en todo el mundo y en las regiones celestes (los lugares celestiales).

"*P*ara que la multiforme sabiduría de Dios sea ahora dada a conocer por medio de la iglesia a los
principados y potestades en los lugares celestiales.*"
(Efe.3:10)*

Cuando éste evangelio es predicado por la unción del Espíritu
Santo, los cielos se estremecen; los ángeles de Dios toman sus lugares
para observar la gloria de Dios manifestándose a través de los hombres[1], y los demonios huyen, pues la Luz resplandece y como dice la
palabra de Dios:

"*L*a luz en las tinieblas resplandece, y las tinieblas
no prevalecieron contra ella."(Juan 1:5)*

Por otro lado, en el mundo físico: Los ciegos ven, los sordos
oyen, los cojos saltan, los mudos hablan, los paralíticos andan, los
encarcelados son hechos libres. Por la predicación del evangelio de
Dios la venda del enemigo, que ciega al mundo es quitada. Es así,
que el pecador recibe libertad de elegir entre las tinieblas y la Luz

"*M*as vosotros sois linaje escogido, real sacerdocio, nación santa, pueblo adquirido por Dios,
para que anunciéis las virtudes de aquel que os llamó
de las tinieblas a su luz admirable."(1Ped.2:9)*

El objetivo principal de la predicación del Evangelio de

---

1   ...sino para nosotros, administraban las cosas que ahora os son
anunciadas por los que os han predicado el Evangelio por el Espíritu
Santo enviado del cielo; cosas en las cuales anhelan mirar los ángeles"
(1Ped.1:12)

Jesucristo es presentar a los hombres el camino para reconciliarse con Dios. Recordemos que la raza humana se alejó de Dios cuando quiso hacer prevalecer sus razones, por el pecado de desobediencia en el Jardín del Edén. Entonces Jesucristo vino para reconciliar al hombre con su Dios, a través de Su Evangelio.

> "*Ytodo esto proviene de Dios, quien nos reconcilió consigo mismo por Cristo, y nos dio el ministerio de la reconciliación; que Dios estaba con Cristo reconciliando consigo al mundo, no tomándoles en cuenta a los hombres sus pecados, y nos encargó a nosotros la palabra de la reconciliación. Así que, somos embajadores en nombre de Cristo, como si Dios rogase por medio de nosotros, os rogamos en nombre de Cristo: Reconciliaos con Dios. (2Cor.5:18-20)(Ver Rom.5:10-11, Efe.2:16 y Col.1:20-22)*

Cuando el hombre es expuesto al mensaje de salvación, recibe la oportunidad de ser reconciliado con Dios. Si el Evangelio es aceptado entonces él experimentará ésa reconciliación con Dios; porque el amor de Dios se manifestará en su vida al permitir que la luz de Dios lo alumbre. Si el Evangelio de Salvación es rechazado, entonces él habrá elegido las tinieblas, como está escrito:

> "*Porque todo aquel que hace lo malo, aborrece la luz y no viene a la luz, para que sus obras no sean reprendidas.*" (Juan 3:20)

Toma éste momento como una oportunidad para arreglar tus cuentas con Dios, porque cuando Jesús venga será demasiado tarde.

El Señor vendrá como ladrón en la noche; de repente será su venida, y los que estén listos con sus lámparas encendidas serán transformado en un abrir y cerrar de ojos, y se oirá la trompeta, la final trompeta. (1Cor.15:52)

ETERNAL LIFE
por Maria Eugenia Martin

Versión en inglés de VIDA ETERNA

ISBN: 1-4120-9671-5

www.trafford.com/06-1427

Para contactar a Maria Eugenia Martin por favor escriba a: me.martin@yahoo.com

ISBN 141209670-7